거인의 발자취

K뷰티의 리더십

K뷰티의 리더십
거인의 발자취

초판 1쇄 인쇄 2020년 8월 28일
초판 1쇄 발행 2020년 9월 3일

지은이/ 장업신문
펴낸이/ 이관치
펴낸곳/ 장업신문 출판국

등록
서울시 영등포구
전화 (02)2636-5727 팩스 (02)2634-7097

ⓒ 도서출판

편집/ 장업신문
디자인/ 장업신문
ISBN 978-89-98198-19-0

값 32,000원

지은이와의 협의에 따라 인지는 생략합니다.
잘못 만들어진 책은 사신 곳에서 바꾸어드립니다.

K뷰티의 리더십

거인의 발자취

장업신문

책을 펴내면서

이 관 치
장업신문 발행인 · 회장

고난의 시기를 넘어, 새로운 도전에 나서

코로나 19로 인해 K-뷰티의 발전이 한풀 꺾이는 양상이지만, 최근 몇 년간 국내 화장품 산업은 눈부실 정도의 성장을 거듭하고 있습니다.

어려운 시기일수록 힘을 모아 위기를 극복하고, 굳건하게 돌파하는 저력을 우리는 언제나 가지고 있었습니다.

힘을 모으는 것은 아주 작은 것에서부터 시작합니다. 경쟁이 아닌 상생을 하며, 위기 시에는 서로가 신뢰하며 합동하고 돌파했던 것을 기억해야 할 것입니다.

화장품&뷰티 산업의 발전과 화합을 견인해 온 장업신문은 올해 창간 26주년을 맞습니다.

4반세기 동안 정론 언론으로서의 기치를 높이며 화장품 산업의 성장과 굴곡의 역사를 함께 해온 장업신문은 언제나 미래를 함께 열어나가는 산업의 동반자로서의 역할에 충실하고 있습니다.

올해는 화장품산업의 지속적인 발전을 위해 리더들의 숨은 생각과 발자취를 재조명함으로써 업계 뿐 아니라 일반 소비자들도 화장품 산업을 좀 더 쉽게 이해하고 고찰할 수 있도록 'K-뷰티의 리더십-거인의 발자취'를 제작, 배포함으로써 우리나라 화장품산업의 눈부신 성장 발전을 견인해 주시고 디딤돌 역할을 자임해 오신 거인들의 노고를 기리고자 합니다.

'K-뷰티의 리더십-거인의 발자취'는 화장품회사 뿐 아니라 연관기업까지 폭넓게 다룸으로써 산업전반의 흐름과 미래를 조망할 수 있는 좋은 사료가 될 것으로 기대합니다.

이번에 발간되는 책자는 K-뷰티의 숨은 영웅 발굴과 기업경영을 위한 지침서를 위해 마련됐습니다. K-뷰티의 확산에 따라 브랜드와 회사에 대한 조명은 크지만, 이를 뒷받침하며 성공가도로 갈 수 있도록 한 리더에 대한 조명이 필요하다는 판단입니다.

또한 화장품 회사가 17,500개에 이를 정도로 스타트업 기업 등의 진출이 활발하지만 단순히 시장 분위기에 편승한 상황을 감안했습니다.

이들 기업들에게 화장품 산업에서 중추적인 역할을 한 리더의 활동과 그동안의 노력, 나아가 경영철학 등을 공유케 함으로써 화장품 기업의 성공을 위한 지침서가 될 것으로 기대합니다.

K-뷰티는 한동안 발전을 거듭하다 사드 여파로 흔들린 중국 시장으로 인해 많은 기업들이 어려움을 겪었고, 해외 시장 다변화를 추구하며 성장 동력원을 찾아가는 시기에 발생한 코로나19로 더 큰 어려움에 직면해 있습니다.

이럴 때일수록 특성화되고 차별화된 제품이 필요할 것입니다. 무분별한 해외 진출보다 내수시장에서부터 경쟁력을 갖추고, 해외로 눈길을 돌리는 것이 성공의 지름길일 것입니다. 카피 제품의 양산보다는 제품력을 기본으로, 해외 고객들의 눈길을 끌 수 있는 아이템 개발이 먼저 이뤄져야 하고 해외에서도 현지화 전략을 기본으로 한 마케팅에 힘을 쏟아야 할 것입니다.

무모한 도전보다는 언제나 준비된 상황에서 최선의 노력을 다할 때 무엇보다도 화장품 산업의 성장세는 꺾이지 않을 것입니다. 어려울수록 뚝심을 발휘하는 우리의 저력을 믿습니다.

장업신문은 화장품&뷰티산업의 길잡이 이자 지표로서 글로벌 시대를 촉진하는 언론으로서의 활동에 전사적인 역량을 발휘하고 있습니다. 이번 책자도 그 일환입니다.

또한 지금까지 물심양면으로 성원해 주신 독자 여러분과 업계 제현에게 거듭 감사의 인사를 드리며 장업신문은 언제나 올곧은 정론지향의 언론관을 끝까지 지켜나가는 참다운 전문 언론으로 쉼 없이 정진해 나갈 것입니다. 감사합니다.

장업신문 발행인 이관치

추천사

유상옥
코리아나 화장품 회장

한 길만 걸어온 장인의 숨결을 느끼다

나라를 잃고 어렵게 지내다가 광복을 찾은 나라, 5년 후 6.25전란으로 곤란을 겪은 이 나라. 온 국민이 잘 살아보자고 노력하여 왔다.

1980년대까지 대한민국의 화장품 산업은 미약하였다. 의약품 산업의 후미에 끼어 있었다. 수입품으로, 기술 제휴로 지탱되어왔던 것이 당시 화장품 산업이었다. 전문지 하나 없이 의약품신문의 끝머리에 간단한 기사에 끼워져 소식을 전하던 장업지 또한 제 자리를 잡게 되어 다행스럽다. 90년대 들어서부터 화장품 산업이 성장하기 시작했다. 장업인과 신문사 모두 산업 발전이라는 화두로 일로정진(一路精進)한 것이 장업계 발전의 초석이 되었다.

나의 사회 활동은 60여년의 긴 세월 동안 이뤄졌다. 제약 회사에서 20년, 그리고 70년대 후반부터 장업계에서 활동하면서 업계의 성장을 위해 갖은 노력을 경주하여 왔다. 마침내 90년대 들어 장업계의 발전으로 화장품 생산의 증가, 시장의 확대, 수출의 증가가 이뤄졌다. 2000년대에는 화장품법의 독립 제정으로 화장품 산업이 의약품 산업의 울타리에서 벗어나 괄목할 성장을 하였다.

화장품 산업에 종사할 장업인들의 노력으로 화장품 산업화이 성취의 빛을 키워왔다. 이젠 해외 유명 수입 화장품과 견주어도 될 만한 제품 기술력과 수출 실적으로 화장품 수입국보다 수출국으로의 위상이 더욱 높아졌다. 한국이 세계 경제 10위권에 이르렀고, 세계 화장품 업계 6위의 기술 선진국으로 발전하였다. 세계 화장품 산업에 큰 성취를 이뤘다. K-Beauty 산업 국가로 세계 시장에 역량을 키워가고 있다. 한국의 의약품 수출액보다 화장품 수출액이 배 이상 증가한 것은 장업계의 성취다.

4차산업시대 능력 있는 장업인을 양성하고 한국의 미용 산업 발전에 장업신문의 역할이 더욱 커질 것으로 기대한다. 그리고 화장품 산업의 발전과 글로벌화를 위해 자신의 자리에서 묵묵히 모든 것을 감내하며 노력해온 거인들의 발자취를 조명하는 것에 대해서도 기쁜 마음을 감출 수 없다.

장업신문이 기획한 K-뷰티의 리더십 '거인의 발자취'는 그동안 국내 화장품 산업의 발전을 위해 일선에서 영향력을 발휘하며 굳건한 뿌리를 내려온 분들의 삶과 철학을 담고 있다. 좌절과 실패, 그리고 성공을 위한 노력이 어우러져 있으며 작은 중소기업부터 대기업까지, 화장품 기업과 그 연관 기업 등 산업화에 기여한 분들을 두루 다루고 있어 더욱 가치 있는 책이 될 것으로 본다.

화장품 기업 18,000여개 시대에 접어들었다. 많은 스타트업 기업과 화장품 기업에 대해 관심을 가지고 있는 대학생, 그리고 일반인들도 화장품 산업의 성공을 위해 노력한 사람들의 경영과 성과를 쉽게 알아보게끔 정리한 책자이다. 그간 장업계 발전을 위하여 국내외 소비자 만족을 돕고자 각종 정보를 제공하여 주신 장업신문의 26년간의 노고를 높이 치사한다.

코리아나 화장품 회장 유상옥

글 싣는 순서

책을 펴내면서 ──────────────────────── 4

추천사 ─────────────────────────── 6

유상옥 회장 / 코리아나 화장품 ──────────── 10
한평생 멈추지 않은 '학이시습지'

유동진 회장 / (주)일진코스메틱 ──────────── 68
─ 珍 도전과 혁신, 헤어케어 시장 선도기업

서경배 대표이사 회장 / 아모레퍼시픽그룹 ─────── 106
'최초', 그리고 '최고'를 향한 아모레퍼시픽 미(美)의 여정

이경수 회장 / 코스맥스그룹 ─────────────── 154
현지화로 세계화, 세계 1위 화장품 ODM 기업으로 …

윤동한 회장 / 한국콜마(주) ─────────────── 180
'유기농 경영'의 경영철학 유기농 경영은 인재를 중요하게 여기는
'한국콜마 정신'의 뿌리

한광석 회장 / 서울화장품 ─────────────── 194
"아름다움의 시작, 서울화장품이 K뷰티를 글로벌로 이끌어갑니다."

조임래 회장 / (주)코스메카코리아 ──────────── 222
"시작부터 목표는 글로벌이었다"

조휘철 회장 / (주)삼화 ──────────────── 238
한 사람의 작은 용기(勇氣)가 세계를 담는 거대한 용기(容器)를
만들어 내다!

이용대 회장 / (주)아폴로산업 ─────────────── 256
나의 비전, 나의 회사

오한선 대표 / (주)뷰티화장품 ─────────────── 278
"지속 가능한 아름다움을 지향하는 뷰티화장품"

청렴하게 부를 모아 사회에 환원하는 청부낙업(淸富樂業)

"사람은 배움과 익힘을 통해 정신적으로 성장한다. 그리고 그것은 학교를 졸업했다고 해서 완료되는 것이 아니며,
평생 계속되어야 하는 일이다. 배움에 끝이라는 것은 있을 수 없다.
학교에 다니며 학습에 정진하는 성장기 시절은 물론이고, 학교를 졸업한 이후에도
끊임없이 배우고 익히며 자신을 연마하여야 한다."

코리아나 화장품

유상옥 회장

나는 공장을 '정원 속의 공장'으로 꾸미고자 하였다.
향나무, 소나무, 은행나무, 느티나무 등
여러 종류의 묘목을 가져와 심어 조경에 힘썼다.
이들 나무가 어느덧 커서 이제는 제법 그늘을 만들어 준다.
국내에서 보기 드문 백송도 공장 정원 한가운데 우뚝 서 있다.
연구개발의 터전으로 삼기 위해 조성한 식물원은 공장의 운치와 멋을 더해준다.
화장품 원료용 식물의 구분재배와 더불어
공장 직원들에게는 편안함과 휴식을 주고,
방문객들에게는 나와 우리 코리아나 화장품의 '철학'을 웅변해 준다.
무엇보다 내가 이 공장에 얼마나 열의를 쏟고 있는지를 잘 대변해 준다.
- 『따뜻한 세상을 만드는 CEO』 중에서

한평생 멈추지 않은 '학이시습지'

유상옥 회장은 1933년 충남 청양군 대치면 상갑리 갑파(甲坡)마을(현, 가파마을)에서 부친 유철중과 모친 조재인 슬하에 3남 3녀 중 맏아들로 태어났다. 갑파마을은 칠갑산에서 국사봉으로 연결되는 산줄기에 위치해 있다. 이곳은 유 회장 10대 조부

인 고려말 충신의 후예의 곡공(穀公)이 낙향한 이후 무안 유씨의 집성촌으로 형성된 마을이다.

일찍이 깨우친 근능보졸(勤能補拙)의 면학정신

부친은 유상옥 회장에게 일을 하는 가운데도 공부에 소홀함이 없어야 한다고 늘 강조했다. 모친은 더 큰 곳에서 더 많은 경험과 지식을 쌓아야 한다고 말하곤 했다. 양친의 근면함은 어린 유상옥에게 그대로 이어졌고, 공부에 게으름이 없어야 한다는 양친의 가르침과 조부의 유학사상은 그의 정신적 거름이 되었다.

훗날 코리아나 화장품을 창업한 유상옥 회장이 늘 강조하는 '근능보졸'과 '학이시습지'가 바로 이러한 유년시절에 체득한 면학정신에서 비롯된 것이었다.

일제강점기였던 당시, 짬짬이 집안일을 도우며 집에서 십리 거리에 위치한 대치초등학교를 다닌 유상옥회장은 1946년에 대치초교를 졸업한 후 서당에서 한문과 고전을 익혔다. 천자문을 비롯해 동몽선습(童蒙先習), 명심보감(明心寶鑑), 소학(小學), 맹자(孟子), 대학(大學) 등 인간의 도리와 세상의 이치를 이때 익히고 깨우쳤다.

덕수상업고등학교 재학 시절 유상옥 회장과 가장 친한 친구

10km의 통학길을 걸으며 영어공부를 하다

　유 회장은 서울 덕수중학교에 응시해 합격하여 고향을 떠나 서울로 올라왔다. 그러나 2학년 재학 중에 한국전쟁이 발발했다. 어쩔 수 없이 닫힌 교문을 뒤로 한 채 고향으로 내려와야만 했다. 전쟁은 쉽사리 끝나지 않았고 공부에 대한 갈망은 더욱 커져만 갔다. 서울에서 공부하지 못하는 아쉬움을 달래며 청양중학교를 졸업하고 이어 청양고등학교에 입학했다. 집에서부터 학교까지는 10km 거리였고 그 길고 긴 시골길을 매일 걸어 다녔다. 통학 시간이 아

까웠던 유 회장은 학교를 오가는 길에 영어책을 펴들고 공부했다. 돌부리가 발끝에 수없이 차이는 거친 시골길이었음에도 유 회장은 책에서 시선을 떼지 않았다.

더 큰 배움의 길에 오르다

휴전이 되면서 서울로 돌아온 유 회장은 덕수상업고등학교 2학년에 복학해 서울 현저동 산동네에서 자취를 시작했다. 이때 서울신문사 태평보급소를 맡아 학비를 벌며 열심히 공부했다. 우수한 성적으로 덕수상고를 졸업한 뒤 고려대학교에 입학했다.

배우고 일하며, 뛰어난 경영 능력을 발휘하다

유상옥 회장은 학교를 다니면서 신문보급소를 맡아 직접 경영했다. 처음엔 독자가 100곳 정도였기 때문에 혼자서 배달을 했다.

배달을 마친 후에는 신문을 안 보는 집들을 찾아다니며 구독 부수를 늘려갔다. 얼마 지나지 않아 구독 부수는 200부, 300부를 넘어 500부에 다다랐다.

유 회장은 한시라도 빨리 독자들에게 신문을 전달하기 위해 직원들을 고용했고 단시간 내에 구독 부수를 5배까지 끌어올리며 경영과 마케팅 기법을 터득해 나갔다. 이후 유상옥 회장의 신문보급소 운영은 고려대를 졸업하고 동아제약에 입사할 때까지 계속되었다.

직장인으로서 공인회계사 시험을 위해 주경야독하다

대학 졸업 후 1959년에 동아제약 공채 1기로 입사했다. 동아제약에 입사한 후에도 손에서 책을 놓지 않았다. 어느 누구보다 열심히 회사 일에 집중하고 많은 성과를 내면서 틈나는 대로 회계사 시험 준비에 몰두했다. 퇴근 후 바로 집으로 가지 않고 사무실에 남아 공부를 하다가 자정이 다 되어서야 집으로 돌아가곤 했다. 그 결과 1961년 첫 응시에서 단번에 공인회계사 시험에 합격하여 자격증을 취득했다.

회사 경영 와중에도 박사과정을 밟다

1964년, 고려대학교에 경영대학원이 신설되자 주저 없이 석사 학위에 도전했다. 2년 동안 재무론을 중심으로 연구했으며 윤병욱 교수의 지도로 「한국 제약공업의 재무론적 고찰」이라는 논문으로 석사 학위를 받았다. 이후 라미화장품을 회생시키기 위해 눈코 뜰 새 없이 바쁜 와중에도 미국 유니온 대학의 박사 과정을 밟았다. 회사 일에 열중하면서도 밤잠을 줄여가며 연구한 「한국화장품산업의 마케팅에 관한 연구」 논문이 통과되어 1981년 미국 유니온 대학 경영학 박사 학위를 받았다.

"사람은 배움과 익힘을 통해 정신적으로 성장한다. 그리고 그것은 학교를 졸업했다고 해서 완료되는 것이 아니며, 평생 계속되어야 하는 일이다. 배움에 끝이라는 것은 있을 수 없다.

학교에 다니며 학습에 정진하는 성장기 시절은 물론이고, 학교를 졸업한 이후에도 끊임없이 배우고 익히며 자신을 연마하여야 한다."

쉼 없이 이어온 학이시습지의 삶

코리아나 화장품을 창업한 후에도 학이시습지의 실천은 멈추지 않았다. 1992년 고려대 국제대학원 최고위과정을 1기로 수료하였으며, 1995년 서울대 최고경영자 AMP과정도 마쳤다. 뿐만 아니라 2006년에 한국과학종합대학원의 윤은기 교수가 이끄는 최고위경영자과정을, 2007년에는 고려대 문화예술최고위과정을 수료했다. 1982년부터 2009년까지 30여 년 동안 한국인간개발연구원의 조찬강연회에도 매주 목요일 아침 7시에 빠짐없이 참석해 정보교류와 배움을 넓혀나갔다. 그야말로 일하는 가운데서도 배우고 때로 익히는 학이시습지의 삶 그 자체였다.

기업 성장의 밑거름이 된 '기업가정신'

동아제약 공채 1기로 입사하다

유상옥 회장은 1959년 고려대 상과를 마치고 동아제약에 입사했다. 당시 동아제약은 종업원 100여 명 규모의 중소기업이었다. 유 회장은 공채 1기로 일곱 명의 동기들과 함께 입사했다. 특히 유 회장은 동아제약의 공장 굴뚝을 바라보면서 '회사가 나를 버리지 않는 한 이 회사에 뼈를 묻겠다'고 스스로 다짐했다. 그리고 회사의 성장이 곧 자신의 발전이라는 생각으로 동아제약을 국내 최고의 제약회사로 키우는데 자신의 모든 열정을 쏟아부었다.

동아제약의 혁신을 주도하다

 유 회장은 대리 1년 차였던 1963년 구매과장으로 발령받았다. 구매과장으로 일하면서 원가절감에 많은 노력을 기울였다. 특히 소화제인 '생명수'의 경우 납품업체를 통해 원료(생강, 고추, 계피 등)를 공급받지 않고 본인이 직접 동대문시장에 가서 원가로 구입했다. 또한 생명수에 사용되는 주정(酒精)에는 상당한 액수의 주세가 부과되고 있었다. 유 회장은 주정에 부과되는 세금을 줄이기 위해 다각적인 검토를 거쳐 변성주정(變性酒精)으로 면세된 주정을 동아제약에 도입하는 성과를 이끌어내기도 했다. 서른을 갓 넘긴 나이에 기획관리실장을 맡아 재고관리 체계를 합리화하고, 영업관리를 개선했다. 약국과의 직거래를 새로 도입하는 등 판매 제도도 혁신했다. 유통시장을 좌지우지하던 도매상을 거치지 않고 약국과 직거래를 함으로써 유통마진을 줄인 것이다. 시장의 반발이 거셌지만 마침내 회사와 약국 모두 이익을 보는 직거래 시스템을 도입하는데 성공했다. 동아제약 직거래 약국인 DSC(Dong-A Sales Circle)에 대한 소비자의 신뢰는 기대 이상으로 높아졌다. 그 결과 동아제약 박카스는 월 5000만 병 판매라는 대기록을 수립하기에 이르렀다.

동아제약을 업계 1위로 끌어 올리다

　35세 나이에 기획관리 이사로 승진하면서 입사 8년 만에 임원이 되었다. 그 후 6년 후인 1974년 영업담당 상무로 발령받으면서 유 회장의 능력은 다시 시험대에 올랐다. 당시 회사의 매출은 정체되어 있었다. 유상옥 회장은 침체되어 있는 영업 현장 분위기를 바꾸고 직원들을 독려하는 한편 거래처 관리를 개선했다. 당시 약국과의 거래는 외상거래가 관례였다. 이 때문에 제약회사로써는 자금 운용에 많은 어려움이 있었다. 유 회장은 이를 개선하기 위해

'현금거래 원칙'을 내세웠다. 이러한 개혁은 단지 동아제약의 영업방식에 머무르지 않고 제약시장 전체의 유통질서 개선으로 확대되었다. 그 결과는 놀라웠다. 유 회장이 영업상무로 부임할 당시 127억 원이었던 매출액은 3년 만에 345억 원으로 3배 가까이 급증했다. 제약업계에서 타의 추종을 불허하는 1위 자리에 등극한 것이다.

라미화장품 사장으로 새로운 도전

1977년 유상옥 회장은 동아제약 전무에서 라미화장품 대표이사 부사장으로 전보되었다. 당시 라미화장품의 경영상태는 좋지 않았고, 유 회장은 라미화장품을 회생시켜야 하는 새로운 과제에 도전하기로 결심하고 가장 먼저 직원들의 사기를 높이는 일에 착수했다. 매일 아침 조회를 열어 애국가와 새마을운동 노래를 개사하여 부르고 '라미송(song)'이라는 사가를 만들어 제창했다. 그리고 다섯 가지로 정해진 '나의 각오'라는 구호를 모든 직원들이 다 함께 외쳤다. 자기 확신에 찬 결의와 의지를 높이기 위한 절박한 방편이었다. 얼마 뒤 직원들의 눈빛과 목소리에 변화가 생기기 시작했다. 직원들은 스스로 박수를 치며 노래를 불렀고, 사기가 높아지고 의욕이 강해진 것이다. 여기에 직원 교육과 제품에 대한 품질 개선, 적극적인 영업방식이 더해지면서 가시적인 성과가 나오기 시작했다. 1977년 14억 원이었던 매출액은 단 1년 만에 22억 원으로 57% 신장했다.

회사를 살리기 위해 유상옥 회장과 라미화장품 직원들의 혼신의 힘을 다한 노력은 여기서 그치지 않았다. 영업에 나선 직원들은 차량이 없으면 발로 뛰었고, 대상과 장소를 가리지 않았다.

라미화장품의 품질을 한 차원 높이 끌어올리기 위해서는 선진 기술이 절실했다. 유상옥 회장은 미국 화장품 업계 2위 기업인 엘

리자베스 아덴(Elizabeth Aden)과 최고의 남성화장품 기업인 멘넨(MENNEN)을 찾아가 기술도입 계약을 체결하며 국내 업계를 놀라게 했다. 뿐만 아니라 세계적인 헤어 제품 브랜드인 독일의 웰라(WELLA)와의 기술제휴도 성사시켰다. 당시 웰라는 13분 만에 헤어펌이 완성되는 혁신적인 신약을 개발한 후 한국 시장 진출을 모색하던 중이었다. 국내 유수의 화장품 업체들이 웰라와의 제휴를 바라고 있던 상황에서 유 회장은 웰라의 일본 현지법인 회장이었던 파우벨 박사와 여러 차례 만나 신뢰를 얻은 끝에 1979년 12월 12일 기술제휴 계약을 체결했다. 이를 계기로 '웰라 미용 스튜디오'를 개설해 미용업 종사자를 위한 연수를 실시하는 한편, 외국의 유명 미용 전문가 이시와다리 기요시를 초청해 롯데호텔에서 헤어쇼를 개최했다. 이러한 노력으로 라미화장품이 생산하고 판매하는 웰라 제품은 시장 점유율을 급속히 확대해 나갈 수 있었다.

 이후 유상옥 회장은 '샤보뗑'과 '라미벨'을 탄생시키며 일대 전환을 시도했다. 결과는 대성공이었다. 제품을 내놓기 무섭게 팔려 나갔고 생산라인을 풀가동해도 주문량을 맞추기 힘들 정도였다. 1981년 매출액은 110억 원으로 껑충 뛰어올랐으며 이후 매년 50% 이상의 신장을 거듭했다. 그리고 1987년 500억 원의 매출을 달성하며 기업공개까지 하게 되었다. 이때 업계 순위는 4위에 올라 있었다. 유상옥 회장을 비롯해 전 직원이 '내가 회사의 주인'이라는 기업가정신으로 이룩한 땀과 노력의 결실이었다.

몸소 실천해 온 기업가정신

유 회장은 기업가정신에 대해, '기업을 한 개인의 소유가 아닌 사회의 공기(公器)로 인식하려는 기업인의 책임 의식과 정신 자세'라고 말한다. 즉, 정당한 방법으로 이익을 창출하여 회사 구성원과 사회에 되돌려주어야 하며 납세를 통해 국가와 사회에 기여해야 한다고 말한다. 사원들에게도 기업가정신이 반드시 필요하다고 강조한다. 사원들에게 기업가정신이란 단순히 봉급만 받는 사원이 아니라 기업의 주인으로서 일하면서 회사의 이익을 우선하는 자세를 말한다. 이런 자세를 갖추고 자신이 맡은 분야에서 최고의 실력을 갖추고 하는 일에 자신의 역량을 집중해야 한다는 것이다. 유상옥 회장은 동아제약의 사원으로서, 또한 라미화장품의 경영자로서 기업가정신을 몸소 실천해왔다. 당시 동아제약과 라미화장품이 최고의 기업으로 성장할 수 있었던 데에는 분명 유 회장의 투철한 기업가정신이 밑거름이 되었던 것이다.

흔들림 없는 정도경영을 펼치다

프랑스 이브로쉐와의 만남

유상옥 회장은 코리아나 화장품 창업을 위해 암중모색하던 1988년 4월 프랑스 굴지의 화장품 기업인 '이브로쉐(Yves Rocher)'사를 찾아갔다. 파리의 샹젤리제 인근에 위치한 이브로쉐의 본사를 방문한 유 회장은 창업자인 이브로쉐에게 자신의 포부와 마케팅 계획을 설명했다. 이브로쉐는 유 회장의 설명을 주의 깊게 경청했다. 그리고 설명이 끝나자 깊은 감명을 받은 듯 박수로 화답했다. 이브로쉐는 유 회장이 라미화장품에서 이룩한 성과와 축적된 경험, 그리고 유 회장이 제시한 사업 계획의 진실성과 비전을 인정했다. 그리고 이브로쉐는 유 회장과 즉석에서 총대리점 계약을 맺었다. 한국의 많은 화장품 회사들이 이브로쉐와 제휴를 희망하고 있었다. 그러나 이브로쉐는 이들을 모두 제치고 아직 회사조차 설립하지 않은 유상옥이라는 한 개인에게 총대리점 판권을 준 것이었다. 극히 이례적이고 파격적인 이 계약은 국내 업계에 큰 사건이 아닐 수 없었다. 이후 코리아나 화장품은 이브로쉐로부터 기술뿐만 아니라 마케팅 기법과 경영방식까지도 전수받았다. 나아가 창업 후 얼마 뒤부터는 생산 공장과 연구소 직원들을 이브로쉐에 파견해 연수를 받게 했다. 이브로쉐에서도 자사의 기술자를 코리아나 화장품에 보내 기술지도를 해주었다. 이브로쉐는 분명 코리아나 화장품의 설립과 비약적인 발전에 가장 큰 공로자였다.

열악한 환경 속에서도 열정을 잃지 않던 창립 멤버

유 회장이 창업한다는 소식이 전해지면서 많은 인재들이 모여들었다. 회사 설립 인가를 낸 후 서울 종로구 충신동 예일빌딩에 30평짜리 사무실을 얻었다. 공장은 경기도 고양시 벽제읍에 50평짜리 2층 건물을 임차했다. 1층에는 제조가마와 제품창고, 포장라인이 설치되었고, 2층에는 사무실과 연구실, 원료 창고가 들어갔다. 연구실

공간은 7평 남짓했다. 이 좁은 공간에서 초창기 멤버들은 연구와 제조는 물론 원료와 제품 포장 그리고 식사까지 해결했다. 너무나 열악한 환경이었으나 모두들 밝은 표정으로 일했다. 숱한 어려움을 이겨내며 우수한 제품을 만들기 위해 불철주야 노력한 창업 멤버들이 있었기에 지금의 코리아나 화장품이 있을 수 있었다.

창립 후 첫 제품 출시

코리아나 화장품은 창립 후 첫 제품으로 1989년 3월 17일 '바블바블' 샴푸와 린스를 발매했다. 이어 5개월 뒤인 8월에는 스킨

1989년 첫 제품 코리아나 바블바블 샴푸와 린스 그리고 1992년 발매된 코리아나 머드팩

당시 화장하는 CEO로 언론에 주목받았던 유상옥 회장

케어 제품 16종을 시장에 내놓았다. 당시 영업을 맡은 네 명의 사원들은 포니 승용차에 신제품을 싣고 영업에 나섰다. 그리고 영업 개시 1주일이 지나 처음으로 판매에 성공했다. 새로 설립한 회사에서 자체적으로 생산한 첫 제품을 판매한 역사적인 일이었다.

명품주의 실현을 위한 천안공장 건립

천안공장은 1989년 9월 20일 기공식을 갖고 9개월 뒤인 1990년 6월 11일 완공되었다. 비로소 '명품 화장품'의 산실이 마련된

천안에 위치한 코리아나 화장품 공장

것이다. 공장은 2만 평 부지에 건평 8000평으로 증축되었다. 생산 능력은 연간 1000만 개였다. 이후 천안공장은 세 차례 증축과정을 거치면서 연간 3000만 개로 증가했다. 공장 벽면에는 경부고속도로에서도 잘 볼 수 있는 대형 간판을 내걸었다. 특히 환경문제에 각별한 신경을 써 물고기가 살 수 있을 만큼 깨끗하고 완벽한 폐수처리 시설을 갖추었다. 또한 공장 내에 식물원과 연구소를 마련해 명품을 생산하기 위한 모든 조건을 갖추었다.

기업의 모토, 정병주의(精兵主義)

코리아나 화장품을 창업하면서 유 회장은 회사 이념을 정병주의로 채택했다. 정병주의란 한마디로 모든사원이 일기당천(一騎當千)의 자세를 가져야 한다는 것이다. 모두가 정예 인력이요, 업계 최고의 역량을 보유하는 것이다. 이를 위해서 판매직은 물론 모든 사원이 제품에 관한 지식과 기법, 나아가 미용 지식까지 완벽하게 습득해야 한다는 것이다.

이러한 정병주의는 회사 전체에 시스템화되었다. 사원 교육에서부터 품질관리, 고객관리 등 경영 전반에 적용되어 명실상부한 '명품 화장품'을 생산하는 원동력이 되고 있다.

도전과 시련의 파고(波高)를 넘어 성장하다

설립 초기부터 세계 유수의 기업들과 기술제휴를 통해 기술력을 높여온 코리아나 화장품은 동남아로 제품을 수출하며 일찌감치 세계 무대로 뛰어들었다. 국내는 물론 해외에서도 괄목할 성장을 이루어가던 코리아나 화장품은 1997년에 불어닥친 외환위기로 인해 회사 존립이 흔들리는 위기에 직면했다. 하지만 유상옥 회장은 코리아나 화장품을 코스닥 시장에 공개하며 새로운 도약을 준비했다. 유상옥 회장은 이미 동아제약과 라미화장품을 성공리에 상장시킨 두 번의 경험이 있었다. 이 때문에 기업공개에 관해서는 누구보다 자신이 있었다. 유 회장은 코리아나 화장품 주식 총 500만주(주당 1만 500원, 총 발행액 525억 원)를 공모했다. 반응은 기대 이상으로 뜨거웠다. 1999년 12월 10일 매매가 시작되자 연일 상종가를 기록하더니 1만 6500원까지 상승했다. 상장은 대성공이었다. 코스닥 상장은 코리아나 화장품이 명실상부한 '우량 회사'로 성장하는 발판이 되었다.

월드 베스트 코리아나 선포식

기업공개 이후 코리아나 화장품은 한 단계 더 도약했다. 유상옥 회장은 그 여세를 몰아 2000년 5월 3일 5000여 명의 직원들이 모인 가운데 대전 충무체육관에서 '월드 베스트 코리아나(World Best Coreana)' 선포식을 개최했다. 이 선포식에서 유 회장은 5대 실천강령을 제시했다. '고객만족, 명품주의, 뉴마케팅, 정도경영, 사회적 공헌'이 이때 선포된 강령이다. 그리고 정도경영과 관련해서는 '전업경영, 무차입경영, 투명경영, 세계경영' 네 가지 방침을

2000년 5월 3일 대전 충무체육관에서 개최된 '월드 베스트 코리아나(World Best Coreana)' 선포식

설정했다.

'월드 베스트 코리아나'는 대내외에 코리아나 화장품의 위상을 과시하는 대규모 행사였다. 국내 화장품업계에서는 코리아나 화장품의 저력에 놀라움을 감추지 못했다. 그리고 유 회장은 업계를 리드하며 흔들림없는 정도경영을 펼쳐 나갔다.

떳떳하고 자랑스러운 투명경영

유상옥 회장은 창립 이후 모범기업을 만들기 위해 노력해 왔다. 세금포탈이나 부당지출을 한 일이 전혀 없다. 그 결과 1993년 납세모범기업으로 선정되어 국세청장 표창을 받았고, 1997년에는 재정경제원장관 표창도 받았다. 1995년에는 국세청의 특별 세무조사를 받았지만 아무 문제없이 종결되었다. 언제 어떤 세무조사

1998년 4월 7일 국민훈장 모란장 수훈

가 나오더라도 유상옥 회장은 떳떳했다. 이러한 투명경영은 코리아나 화장품의 근본정신으로 뿌리를 내렸으며 국가와 여러 단체로부터 그 가치와 공로를 인정받았다. 민간인이 받을 수 있는 가장 큰 훈장인 '국민훈장 모란장'을 비롯해, 기업인으로서 최고의 영예인 '한국의 경영자상' 등을 수상하며 존경 받는 기업인으로 인정받았다. 이와 더불어 적극적인 문화경영으로 대한민국의 문화예술 발전에 크게 기여한 공로로 2009년 '문화훈장 옥관장'을 수훈했다.

무차입경영의 실현, 업계 순위 세계 30위권 진입

설립 13년을 맞이한 2000년에 코리아나 화장품의 연간매출은 3000억 원을 돌파했다. 또한 '세계 100대 화장품기업' 순위 30위권에 진입하며 회사의 위상과 품질의 우수성을 세계로부터 입증받았다. 뿐만 아니라 2000년 10월에 도래한 2년 만기 회사채 100억 원을 전액 상환하며 차입금 0원을 만들었다. 화장품업계 최초로 무차입경영을 실현한 것이다.

송파기술원 2층 천안 코리아나 화장박물관

천안공장 내에 마련한 송파기술연구원과 화장박물관, 그리고 코리아나 식물원

 코리아나 화장품은 천안공장 내에 송파기술연구원과 화장박물관 그리고 식물원을 조성했다. 1995년 10월에 송파기술연구소(후일 연구원으로 개명) 완공하여 본격적인 연구개발에 착수했다. 이후 현재까지 해마다 수 백 건의 연구 성과를 내놓으며 세계 굴지의 연구기관과 어깨를 나란히 하고 있다. 송파기술연구원 2층에는 유상옥 회장이 평생 모은 화장유물을 전시한 '코리아나 화장박물관'을 개관했다. 코리아나 화장박물관에는 동양 최고의 의학서적

코리아나 식물원

으로 꼽히고 있는 『동의보감』 5권이 전시되어 있다. 이 중 한 권에는 코리아나화장품 대표 브랜드인 '녹두'의 뛰어난 효능이 기록되어 있어 눈길을 끌고 있다. 이와 더불어 1층에는 유상옥 회장이 수십 년 동안 전 세계를 돌며 수집한 각양각색의 종(鐘) 수백 점을 전시해 놓았다. 2006년에는 2723.41㎡(9003평) 규모의 코리아나 식물원을 정식 개원했다. 식물원은 연구개발의 터전으로 화장품 원료용 식물을 재배하고 있다. 유상옥 회장은 이곳을 찾은 수많은 방문객들에게 '자연에서 아름다움을 창조'하는 코리아나 화장품의 이념을 단적으로 보여주고 있다.

나는 공장을 '정원 속의 공장'으로 꾸미고자 하였다.
향나무, 소나무, 은행나무, 느티나무 등
여러 종류의 묘목을 가져와 심어 조경에 힘썼다.
이들 나무가 어느덧 커서 이제는 제법 그늘을 만들어 준다.
국내에서 보기 드문 백송도 공장 정원 한가운데 우뚝 서 있다.
연구개발의 터전으로 삼기 위해 조성한 식물원은
공장의 운치와 멋을 더해준다.
화장품 원료용 식물의 구분재배와 더불어
공장 직원들에게는 편안함과 휴식을 주고, 방문객들에게는
나와 우리 코리아나 화장품의 '철학'을 웅변해 준다.
무엇보다 내가 이 공장에 얼마나 열의를 쏟고 있는지를

잘 대변해 준다.

— 『따뜻한 세상을 만드는 CEO』 중에서

문화경영의 중심 스페이스 씨 건립

　유상옥 회장은 평소 추구해 오던 문화경영을 본격적으로 실현하기 위해 코리아나 화장품의 새로운 문화예술공간인 '스페이스 씨(space c)'를 건립했다. 강남구 신사동에 부지를 마련한 유상옥 회장은 2002년 3월 8일 스페이스 씨 건립에 착공하여 2003년 11월 20일에 성대한 개관식을 거행했다. 스페이스 씨는 지하 2층, 지상 7층, 옥상공원으로 건축되었다. 지하 1층과 지하 2층은 현대미술을 전시하는 코리아나미술관으로 구성하고, 지상 5층과 6층에는 한국 전통화장문화를 전시하는 코리아나 화장박물관을 마련했다. 유상옥 회장은 개인유물 4800여 점을 코리아나 화장품 법인에 기증하여 더 많은 사람들이 우리의 문화유산을 접할 수 있도록 하는 한편, 다양한 장르의 문화예술 활동을 지원하고 있다. 유상옥 회장은 스페이스 씨를 중심으로 기업의 사회 공헌을 적극 추진하고 있으며 기업 경영과 문화를 접목시킨 새로운 문화경영을 추구하고 있다. 이와 더불어 천안공장 내에도 천안 코리아나 화장박물관을

강남구 신사동에 위치한 코리아나 스페이스 씨

열어 화장도구와 문화재를 전시하고 있다. 또한 국내 지방도시를 순회하며 유물과 소장품 기획전시를 꾸준히 개최하고 있다. 특히 파리, 런던, 도쿄 등 세계주요 도시에서 한국의 옛 문화예술품을 지속적으로 전시하며 한국의 우수한 예술성을 널리 알리고 있다.

C-Beauty를 향한 세계경영

유상옥 회장이 꿈꾸는 코리아나 화장품의 궁극적인 목표는 가장 한국적인 아름다움을 창조하고 브랜드 경쟁력을 강화해 국내는 물론 세계시장에서 인정받는 기업으로 도약하는 것이다. 즉 K-Beauty의 선도 기업을 넘어 코리아나 화장품이 창출하는 C-Beauty를 전 세계에 전파하는 것이다. 좋은 원료를 찾아내고 개발하는 데 있어 유 회장은 관심과 지원을 아끼지 않았다. 업계의 패러다임을 바꾼 '머드' 화장품을 비롯해 녹두를 활용한 '녹두' 화장품, 산자나무열매 추출물을 함유한 '엔시아', 천녀목란 추출물을 이용한 '자인' 등이다. 특히 천녀목란 추출 기술은 세계로 수출까지 하고 있다. 세계시장을 향한 유상옥 회장의 의지는 단순히 화장품 제조회사를 넘어 '종합 뷰티기업'으로 향하고 있다. 이를 위해 '뷰티센터'와 '세레니TI'가 중심에서 그 역할을 담당하고 있다. 코리아나 화장품은 1988년 창업 이후 5년 만인 1993년에 매출 1000억 원을 돌파했다. 사람들은 이를 두고 기적이라거나 신화라고 말하곤 한다. 그러나 그것은 기적도 신화도 아니었다. '한 우물'을 강조하며 한 길만을 걸어온 유상옥 회장의 축적된 경험과 지식으로 펼쳐온 정도경영의 지극히 당연한 결과였던 것이다.

청부낙엽으로 사회에 기여하고 존경받는 CEO

덕수고등학교 총동창회장으로 덕수장학재단 육성

유상옥 회장의 후학 양성과 모교에 대한 애정은 남다르다. 1989년부터 1993년까지 덕수고등학교 총동창회장으로 재임할 당시 『덕수 80년사』를 발행하였으며 장학금 모금, 고교야구 후원, 장한 덕수인 선정 등 학교 발전을 위한 여러 지원을 아끼지 않았다. 특히 덕수장학재단 이사장을 맡아 10년 동안 재단을 운영하며 장학기금 확대에 많은 노력을 기울였다. 이사장 재임 기간 중 매년 5000만 원 가량의 장학금을 지급하고 17억 원의 기금을 모금했다. 역대 가장 많은 금액이었다. 덕수인들의 정성 어린 기부액 못

지않게 유 회장 역시 개인적으로 1억 원과 코리아나 화장품 주식 10만주를 기부하여 최고액 출연자로 재단의 재정을 더욱 튼실하게 했다. 또한 80주년 기념식수 백송(白松)과 100주년 기념식수 마로니에가 교정에 자라고 있다. 그리고 개교 100주년을 맞아 다수의 유물을 기증하여 '덕수백년관'의 진열장 6개에 나누어 전시하고 있다.

고향인 청양고등학교에도 학교 건물 개축공사에 식수와 재정 지원을 아끼지 않았다. 뿐만 아니라 해마다 두 명씩 장학생을 선발해 입학금을 지원하고 있다. 아울러 이석화 청양군수가 군 차원에서 200억 원을 목표로 장학금을 조성하고 있을 때 유 회장은 장학기금을 기부하며 장학회 조성에 많은 도움을 주었다.

국내 화장품산업의 발전을 견인한 대한화장품공업협회 회장

유상옥 회장은 1995년부터 2003년까지 8년간 대한화장품공업협회을 회장을 네 차례 연임했다. 이때 유회장은 국내 화장품산업의 발전에 지대한 공헌을 했다. 특히 '오픈 프라이스 제도'와 '화장품법' 제정을 이끌어내며 화장품산업이 도약할 수 있는 디딤판을 놓았다. 오픈 프라이스 제도는 판매자 가격 표시제로 1997년 2월 약사법 시행령 개정을 통해 전면 도입되었다. 이를 위해 유상옥 회장은 보건사회부와 공정거래위원회를 수 차례 찾아가 오픈 프라이스 제도의 도입 필요성을 역설했다. 이러한 노력으로 약사법 시행령이 개정됨에 따라 이전까지 극도로 문란했던 할인코너를 없애고 화장품 유통질서가 바로잡히게 되었다. 또한 화장품관련 법이 약사법에 포함되어 있었다. 유 회장은 '화장품법'을 독립법으로 제정하기 위해 숱한 난관을 헤치며 끈질기게 노력했다. 그 결과 화장품법은 마침내 1999년 공포되어 2000년부터 시행되었다. 이 화장품법은 일본보다 한발 앞선 것이었다. 무엇보다 자외선차단, 피부미백, 주름개선 등의 기능성화장품에 대한 법적 기틀이 만들어지면서 경쟁력을 확보할 수 있게 되었다.

문화재에 대한 해박한 지식과 후원

'국립중앙박물관 특설 강좌'는 1977년 최순우 국립중앙박물관장이 처음 개설한 이후 현재까지 이어지고 있다. 이 강좌는 문화재를 공부하는 1년 과정의 강좌다. 유상옥 회장은 6기생으로 수강할 당시 총학생회장을 맡아 활동했다. 수료 이후에는 별도로 박연회(博硏會)를 구성하여 회장을 맡아 문화재에 대한 연구를 지속적으로 이어나갔다. 박연회의 주축 회원들은 유 회장과 함께 특설강좌를 수강한 6기생 250명이며 현재까지 37년간 연구와 교류를 계속하고 있다. 매월 코리아나 화장품 회의실과 스페이스 씨 강의실에서 연구모임을 열어 문화재에 대한 지식을 더욱 넓이고 있다.

2002년에는 국립중앙박물관회의 제9대 회장에 추임 되어 2005년까지 역임했다. 그리고 역대 후원금 중 가장 많은 5000만 원을 후원하기도 했다. 유 회장의 문화재에 대한 열정은 이후 복합문화공간 스페이스 씨 건립으로 이어졌으며, 젊고 창의적인 작가들의 활동에 많은 도움을 주었다. 이러한 여러 가지 활동 덕분에 2009년 문화훈장 옥관장을 받았다. 1998년에 받은 국민훈장 모란장에 이어 두 번째 훈장이었다.

2002년 중앙대 식품의학대학원에서 마케팅과 기업가정신 강연

많은 이들과 지식을 나누는 즐거움

동아제약 재직 시절이던 1967년 3월 고대 상과대 학장의 부탁으로 처음 강단에 서게 되었다. 경영학과와 농업경제학과 학생들을 대상으로 '재무분석'과 '부기회계' 과목을 강의했다. 실무 경험을 곁들인 강의 방식이 큰 인기를 모아 250명을 수용할 수 있는 대형 강의실은 언제나 초만원을 이루었다. 그 후 경기도청, 충남도청 등 각 지자체와 동원산업, 삼환기업 등 각 기업체, 충북대학을 비롯한 여러 대학과 단체, 기관들의 요청으로 꾸준히 강연했다. 특히 고려대, 이화여대, 중앙대 객원교수로서 경영학 이론 강의, 마

케팅 교육, 실무 강연 등을 강의했다. 70세가 넘어서까지 강의를 준비하며 학생들과 새로운 것을 나눌 수 있는 즐거움을 함께 했다.

문화재 수집과 기증으로 사회에 기여

　유상옥 회장이 우리 사회에 기여한 가장 큰 일은 문화재를 수집한 것이다. 유상옥 회장은 개인의 자금과 노력으로 수많은 문화재들을 수집하여 '코리아나 화장박물관'과 '코리아나미술관'을 설립하고 개인 소장 유물을 기증했다. 박물관의 소장품 가운데 특히, 여성 생활용품과 화장도구 등 화장 관련 유물은 국내 최고 수준이다. 이들 문화재들은 영원히 우리 후손들에게 고스란히 물려줄 소중한 유산들이다. 유 회장은 2009년에는 문화재 200점을 국립중앙박물관에 기증했다. 청자분합과 백자분항아리 등 우리 민족의 전통 화장문화를 엿볼 수 있는 유물로 국립중앙박물관의 2층 기증자 전시실에 전시되고 있다. 2010년 모교인 덕수고등학교에도 개교 100주년을 맞아 건립된 '덕수백년관'에 문화재를 기증했다. 2016년 백제문화권인 충남 청양에 새로 건립된 백제문화체험박물관에도 209점을 기증했다. 토기 가마터에 세워진 박물관은 토기유물이 없어 개관이 힘든 상황이었으나 유 회장의 유물 기증으로 인해 양질의 유물을 확보하며 개관에 탄력을 받을 수 있었다. 또한 고향인 상갑리 농업박물관과 고려대학교 교우회 등에도 유물과 미술품을 기증했다.

평생을 모은 개인유물 4826점 법인에 기증

유상옥 회장은 개인 유물 4826점을 2017년 12월 15일 코리아나 화장품 법인에 기증했다. 지난 50여 년간 개인적으로 모아온 유물은 삼국 시대부터 조선 시대까지의 유물로 화장도구를 비롯해 도자기, 장신구, 복식, 고문서와 서화 등으로 방대하다. 이 가운데 청자상감모자합과 조선 시대 공예품의 정수를 보여주는 화각경대도 포함되어 있다. 유 회장 개인의 소장 유물을 기업에 기증함으로써 코리아나 화장품이 표방하는 문화경영에 또 다른 면모를 보여주었다. 또한 그동안 유럽 및 아시아 6개 도시에 한국의 옛 문화 유물을 전시하였고 안동, 청양 등 지방에도 미인도 등 문화재 전시를 하였다. 외국과 각 지방에 문화재 전시를 지속하여 문화 향상에 기여하고자 한다. 코리아나 화장품은 기증받은 문화재를 전시와 학술연구에 적극적으로 활용해 우리 문화 보전에 힘쓰고 있다.

2009년 3월 30일 국립중앙박물관 최광식 관장과 함께.

글쓰는 CEO, 감동과 교훈을 담은 수필집

코리아나 화장품을 창업한 후 유 회장은 자신의 지식과 경험을 공유하기 위해 경영수필집 『나는 60에도 화장을 한다』라는 책을 냈다. 이 수필집은 당시 머드팩과 함께 수많은 독자들에게 폭발적인 관심과 사랑을 받았다. 이후 1997년에 어린 시절 고향 이야기부터 경영자로서의 경험담을 담은 『33에 나서 55에 서다』를 펴냈다. 수필 문학에 대한 유 회장의 재능은 문학계에도 인정하였으며 그 열정 또한 계속 이어졌다. 첫 수필집 발간 이후 『화장하는

2018년 4월 11일 유물 기증식에서 유승희 관장과 함께.

CEO』(2002), 『문화를 경영하다』(2005), 『나의 소중한 것들』(2008), 『성취의 기쁨을 누려라』(2012), 『따뜻한 세상을 만드는 CEO』(2016)까지 총 일곱 권의 수필집을 펴냈다. 특히 『화장하는 CEO』(2002)는 중국 하얼빈방송국 주관으로 북방문예출판사가 중국어판 『化粧的 CEO』(2005)로 출간해 상당한 호응을 얻기도 했다. 또한 강신호, 유상옥 공저 『우리들의 10년』(1987), 조부 순재공의 일대기를 담은 『순재선생실기(純齋先生實記)』(2010)를 발간하였다. 이러한 활동으로 유 회장은 1997년 제1회 한국 공간 문학 수필가상을 수상했으며, 2000년에는 충청문학상을, 2003년에는 한국수필가협회 수필문학상을, 2005년 일붕문학상을 받았

2012년 5월 12일 '씨알의소리 문학상' 기념 한국문인 100인 인물상

다. 유 회장은 2009년부터 한국수필가협회 부이사장 직을 맡아 수필문학 발전에 기여하고 있으며, 이외에도 한국문인협회, 국제펜클럽 등 문인협회 회원으로 꾸준히 수필 집필에 열중하고 있다.

국가와 사회에 나누는 송파삼락(松坡三樂)

유상옥 회장이 자신의 호를 따 송파삼락이라고 부르는 세 가지 즐거움이 있다. 첫째 좋은 화장품을 만들어 많은 사람들이 아름다워지는 것, 둘째 여성들에게 많은 일자리를 만들어 주는 것, 셋째 기업경영에 성공하여 국가에 세금을 많이 내는 것이다. 송파삼락은 단순히 개인적인 즐거움이 아니라 국가와 사회가 함께 풍요로워지는 즐거움이다. 유 회장은 이 세 가지 즐거움과 함께 일생을 살아왔고 이 속에서 코리아나 화장품을 성장시켜왔다. 경영일선에서 물러나 있는 지금도 그 가치는 변함없이 이어지고 있다.

청렴하게 부를 모아 사회에 환원하는 청부낙업(淸富樂業)

청부낙업이라는 말은 유상옥 회장이 만든 사자성어다. 흔히 청빈낙도(淸貧樂道)라고 하는 것은 조선시대 선비들이 이상적인 덕목으로 즐겨 사용하던 말이다. 청렴결백하고 가난한 삶, 바른 도리를 즐긴다는 말이다. 하지만 시대가 바뀌고 가치관도 변했다. 가난한 삶이 아니라 열심히 노력해서 부자가 되는 것이 이상인 사회가 되었다. 그러나 청렴함을 강조하는 데에는 변함이 없다. 그냥 부자가 아니라 깨끗하고 맑은 부자로서의 청부(淸富), 일에서 즐거움을 찾는 낙업(樂業)이 미덕이다. 유 회장은 이러한 자신의 철학을 담아 청렴하고 즐겁게 일을 하자는 뜻에서 청부낙업이라는 사자성어를 생각해 냈다. 이 말은 유 회장의 삶과 오랜경험에서 우러나온 것이다. 그리고 본인 스스로 청부낙업을 평생의 신조로 삼아 실천했다. 뿐만 아니라 직원들과 주변사람들에게도 이를 권고하고 있다.

청부낙업을 행하고자 했던 유상옥 회장의 마음자세와 실천이 바로 라미화장품을 부실기업에서 건실한 기업으로 탈바꿈 시켰고 코리아나 화장품을 창업해 반석 위에 올려놓았으며 존경 받는 기업, 존경 받는 CEO가 될 수 있었던 가장 큰 힘이었다. 유상옥 회장이 늘 강조해왔던 '청부낙업, 기업가정신, 명품주의, 정도경영의 정신'이 살아있는 한 코리아나 화장품은 머지않아 가장 한국적인 화장 문화를 세계에 전파하며 글로벌 일류 기업으로 발돋움 할 것이다.

Coréana

코리아나 화장품 국내 사업 현황

▶ 국내 주요 채널: 직판, 시판, ODM · OEM, 세레니끄

▶ 당사는 1988년 11월 15일에 설립되어 충청남도 천안시 서북구 성거읍 삼곡2길 6번지에 연구소와 공장을, 경기도 수원시 영통구에 광교 사옥을 두고 있으며, 1999년 12월에 한국거래소 코스닥시장에 상장하였습니다.

과거 당사는 설립 후 10여 년의 짧은 시간 안에 국내 화장품업계 3위를 차지할 정도로 꾸준한 성장을 하였으며, 신제품 개발 및 품질향상을 위해 충남 천안에 생산공장 및 연구소를 운영하고 있습니다. 1980년대 후반에 접어들면서

새로운 유통형태인 할인코너가 난립함으로써 업체간 가격경쟁을 부채질하여 유통질서의 문란을 초래한 상황에서 당사는 창업 초기부터 유지해온 ① 현금거래 ② 가격준수 ③ 유통경로별 제품차별화 ④ 철저한 교육 등 4대 영업전략을 바탕으로 영업활동을 전개해 오고 있습니다.

시판과 직판이라는 두 가지 유통경로 별 제품을 차별화하여 마케팅 경로를 이원화함으로써 유통질서의 혼란에 따른 어려움을 극복하였고, 최근 국내 온라인 쇼핑몰(이베이, 쿠팡 등), 자사몰 운영 등 매출 경로를 다양화하고 있습니다. (자사몰: 라비다닷컴, 라비다몰, 코리아나몰, 프리엔제몰 등)

특히 판매원들에 대한 철저한 교육은 당사 성장의 바탕이 되고 있습니다. 뿐만 아니라 당사는 2009년 화장품 업계 최초 CCM 인증기업으로 선정, 6년째 인증을 이어감으로써 고객불만처리 우수기업임을 대내외로 인정받고 있습니다.

현재 화장품 제조 및 판매를 주 사업으로 영위하고 있으며, 당사의 송파기술연구원에서 개발한 성과를 바탕으로 라비다, 앰플엔, 프리엔제, 자인, 녹두, 세니떼, 텐세컨즈 등 12개 브랜드를 보유하고 있습니다. 그 밖의 피부관리 노하우를 바탕으로 세레니11(피부관리샵)를 가맹으로 운영하고 있으며,

유통망을 통한 건강기능식품(웰빙라이프) 등을 판매하고 있습니다.

32년 동안 꾸준히 성장해온 코리아나 화장품은 천안에 위치한 송파기술연구원, 화장품 공장을 통해 연구개발 및 생산 인프라를 구축하고 있으며, 신규사업의 진출 없이 화장품 산업에 전념하며 지속적인 R&D 지원을 이어가는 등 자체 연구소인 송파기술연구원을 통한 고기능성 특허 원료를 개발하여 원료 국산화에 힘쓰고 있습니다. 이를 적용한 제품 출시를 통해 신수요 창출에 적극 대처하고 있습니다.

▶ 송파기술연구원 소개

창사 이후 지속적인 R&D 투자를 통한 '송파기술연구원'의 우수한 기술력과 품질력을 바탕으로 457개의 국내·외 특허 확보와 IR52 장영실상 2회 수상 등 화장품 업계 내 선도적인 연구력을 보여주고 있습니다.

송파기술연구원은 1995년 설립돼 2005년 5월 생명과학을 중심으로 고객 가치를 증대하고 미래 경쟁력을 확보하는 연구소로 한 단계 발돋움했습니다. 기존의 화장품 개발에 집중된 연구팀을 생명 과학 연구 체제로 개편해 운영하고 있으며, 화장품의 새로운 소재와 제형 개발은 물론, 인체 용품의·과학 관련 신소재 개발 등 포괄적인 생명 과학 분야를 접목해 연구 범위를 확대하고 있습니다.

특히 산삼 및 시로미 식물줄기세포, 천녀목란, 녹두, 우방자 등의 기능성 천연성분을 활용한 고기능 한방화장품을 개발해 상용화함으로써 국산 한방화장품의 가치를 더욱 빛내고 있습니다.

▶ 천안공장 소개

코리아나 화장품 천안공장은 1990년 준공돼 현재 연간 3000만 개의 생산 능력을 갖추고 있습니다. 1996년 전 생산

부문에 걸쳐 CGMP 인증을 받은데 이어, 1998년 독일 RWTUV로부터 ISO9001 인증을 획득함으로써 업계 최초로 CGMP와 ISO9001을 모두 갖춰 고객만족을 높이는 명품 화장품 생산 기업으로 자리매김했습니다. 이에 더해 2014년 BUREAU VERITAS로부터 화장품 우수제조관리기준(GMP)인 ISO22716을 인증받음으로써 우수 제조 및 품질관리 능력을 입증했습니다.

2008년 9월에는 국제 유기농 인증협회 에코서트로부터 국제적인 유기농 화장품 생산기업으로 인증받으며 환경, 품질 및 안전에 대한 글로벌 경쟁력을 더욱 높이게 되었으며, 2017년 산업통상자원부와 환경부가 주최하는 2017 대한민국 녹색경영 대상에서 국무총리 표창을 수상하는 등 화장품 업계의 대표적인 친환경 녹색기업으로 자리 잡고 있습니다.

2019년 11월 화장품 업계 최초 국가품질경영대회 대통령 표창을 수여받아 제품품질, R&D, 환경, 디자인, 소비자 5개 분야 정부 포상을 석권하는 등 화장품 대표 기업으로서의 선도적 위치를 확보였습니다.

▶ 기타

문화경영 및 사회 공헌활동으로 코리아나 화장박물관, 코리아나미술관, 식물원 등을 운영하며 친환경 문화, 뷰티 문화의 가치를 공유, 전파하고 있습니다.

이 외에도 2012년부터 주력 제품인 라비다 파워셀 에센스 에스 한(1)병을 구입하면 한(1)명의 어린이를 구(9)할 수 있다는 취지의 '라비다 119 캠페인'을 꾸준히 전개해 매년 판매금 중 일부를 국제백신연구소(IVI)에 기부하고 있으며, 이를 계속해서 이어감으로써 지구촌 어린이들이 전염병 예방 및 백신 지원에 앞장서고 있습니다.

코리아나 화장품 해외사업

1) 해외 진출

-18개국 진출 (홍콩, 호주, 태국, 중국, 일본, 인도네시아, 싱가폴, 슬로바키아, 베트남, 미얀마, 미국, 몽골, 멕시코, 말레

이시아, 러시아, 라오스, 독일, 대만)

　-라비다, 앰플엔, 엔시아, 텐세컨즈, 세니떼 등 11개 브랜드 진출

　-글로벌 온라인 플랫폼(아마존, 타오바오 등), 글로벌 오프라인 매장(왓슨스, 화장품 전문 매장) 입점

2) 주요 사업 국가

▶ 중화권 사업 현황_(중국, 홍콩)

　-진출 브랜드: 라비다, 앰플엔, 프리엔제, 세니떼, 발효녹두, 엔시아, 비취가인, 자인

　-오프라인 유통 채널: 화장품 전문점

　-온라인 유통(티몰 글로벌, 타오바오, 카올라, 징동닷컴 등 온라인 역직구몰 다수 플랫폼 집중)

▶ 중국 현지 법인 코리아나화장품(천진)유한공사

　-중국 시장 진출 및 유통 현지화 전략 위해 2004년 설립

　-중국의 수입화장품에 대한 비관세 장벽이 두꺼워질 것을 대비하여 중국 내 생산시설 확보와 사업 확장을 위해 설립.

자동생산 설비와 위생생산 설비를 갖추고 ISO 22716 규정에 맞춘 인가준비와 중국 내 고객뿐 아니라 세계적인 화장품 유통회사와의 거래를 위한 설비를 갖추고 있습니다.

−R&D 기반의 활발한 ODM 사업의 활발한 전개를 통해 2016년 흑자전환 성공

−중국 ODM 사업은 2012년부터 시작

• 현재 코리아나 화장품은 '좋은 제품 만드는 업체'로 중국내 소비자들에게 강하게 각인되어 있습니다.

▶태국 사업 현황

−진출 브랜드: 앰플엔, 프리엔제

-오프라인 유통 채널: 드럭스토어(왓슨스), 화장품 편집매장(이브엔보이, 멀티뷰티, 키스뷰티, 헤이스트릿뷰티 등)

-온라인 유통 채널: 왓슨스 온라인

주력 브랜드 소개

1) 라비다

- 브랜드 소개

라비다는 생명체를 이루는 가장 작은 단위인 셀(cell)로부터 출발한 피부과학 화장품으로, 세계 최초로 '셀 신호전달' 개념을 도입한 스마트 스킨 사이언스 브랜드입니다. 피부 근원의 활성화를 통해 피부를 건강하게 케어하는데 집중하고 있으며, 브랜드 핵심 컨셉 성분인 'Powercell™'을 브랜드 전 제품에 함유하고 있습니다. Powercell™은 피부 속 신호전달 유사 물질과 셀 내부와 유사한 환경을 만들어주는 다양한 성분을 함유하여 피부 근원 요소를 건강하게 케어해줍니다. 라비다가 제안하는 스마트 솔루션의 기본인 파워셀 케어 라인을 중심으로 각 라인별 이상적인 솔루션을 위한 성분을 함유한 타임리커버리, 인리치 솔루션, 비타민씨 솔루션 등 14개라인을 운영하고 있습니다. 이 외에 메이크업, 라인 솔루션의 라인을 추가 운영 중에 있습니다.

• 주력 제품

라비다 파워셀 에센스 에스

피부 본연의 힘을 강화시키는 '시그날로좀™'을 함유해 투명한 피부를 완성해 주는 퍼스트 에센스입니다. 핵심 성분인 시그날로좀™은 코리아나 화장품의 라비다 연구진과 학계가 수년간 진행한 초대형 국책과제를 통해 이뤄낸 연구의 결실입니다. 오직 코리아나 화장품에서만 만나볼 수 있는 이 성분은 피부 근원의 힘을 강화시켜 강력한 신호전달을 통해, 탄력, 피부 투명도, 보습 기능을 담당하는 물질을 조절하여 피부 자체가 건강하게 개선될 수 있도록 도움을 주는 제품입니다.

코리아나 화장품은 라비다 파워셀 에센스가 출시된 지난 2012년부터 '라비다 119캠페인'을 꾸준히 실시하고 있습니다. 라비다 119캠페인은 '제품 한(1)개를 구매하면 한(1)명을 구(9)한다'는 취지의 캠페인으로, 파워셀 에센스 에스의 판매 금액 중 일부를 IVI국제백신연구소에 매년 기부함으로써 8년째 후원하고 있습니다. 이를 통해 지난해까지 약 14만

명의 개발도상국 어린이에게 백신을 전달했으며, 올해는 고위험 지역인 에티오피아 주민에게 백신을 공급하는 등 지구촌 전염병 예방 및 백신 지원에 앞장서고 있습니다.

더마코스메틱

창립 31주년을 맞은 코리아나 화장품은 젊은 세대와의 소통을 위해 2017년 더마 코스메틱 브랜드 '앰플엔'을, 2019년에는 '프리엔제'를 새롭게 선보였습니다. '고기능성=고가'의 틀을 깨고 합리적인 가격대에 효과가 우수한 제품들을 선보이며 젊은 소비자층으로부터 많은 사랑을 받고 있습니다. (더마코스메틱(Dermocosmetic)이란? 화장품을 뜻하는 코스메틱(cosmetic)과 피부 과학을 의미하는 더마톨로지(dermatology)를 합성한 말)

• 브랜드 소개

앰플엔은 '앰플'과 'N(=and=그리고)'를 합친 합성어로, 31년간 축적된 코리아나 화장품의 노하우와 우수한 기술력을 고스란히 처방한 앰플 기반의 전문 더마 코스메틱 브랜드로 1824 소비자를 겨냥해 선보인 브랜드입니다. 히알루론산, 펩타이드 등 빠른 피부 개선 효과로 사랑받고 있는 핵심 유효성분을 코리아나만의 '마이크로 더마-샷 테크놀로지' 기술로 담아낸 탄력 라인인 '앰플엔 펩타이드샷'과 고보습 라인인 '히알루론샷'의 2가지 라인으로 지난 2017년 4월 론칭했으며, 현재 29가지 제품으로 구성되어 있습니다.

다수의 코스메틱 전문 특허 보유로 입증된 더마 사이언스 노하우로 앰플 1병에 피부 고민별 특허 성분을 엄선하여 담아냈으며, 전 제품 저자극 시험 완료 및 3번에 걸친 미생물 테스트와 청정한 pre-filter 제조시설에서 안전하게 생산하고 있습니다.

'앰플엔'의 전 제품은 코리아나몰(www.coreanamall.com) 및 온라인 종합몰(지마켓, 쿠팡) 등 다양한 온라인 플랫폼을 통해 간편하게 구매 가능합니다.

• R&D현황

앰플엔은 각 라인 별 특허 성분을 개발하고 이를 실제 제품에 함유함으로써 제품 차별화에 박차를 가하고 있습니다. 또한 모든 제품에 대해 원료부터 완제품까지 세 차례에 걸친 미생물 테스트를 진행해 제품의 안전성을 각별히 신경 쓴 것은 물론, 공인된 임상 전문 기관에서 피부과 테스트를 완료한 저자극의 고 기능성 제품들로 구성해 소비자들이 믿고 사용할 수 있는 브랜드로 자리매김 하면서 더마코스메틱 시장에서의 경쟁력을 높이고 있습니다.

- 브랜드 소개

'프리엔제'는 '당신이 바른 것이 당신의 피부가 된다' 라는 브랜드 철학 아래 외부 환경에 쉽게 민감해진 피부의 건강을 지키고 보호하는 세심한 처방만을 고집하는 더마 코스메틱 브랜드로 2535 소비자를 겨냥해 론칭되었습니다.

민감한 피부에 진정과 보습을 선사해 맑은 피부로 가꿔주는 천사의 허브, '안젤리카'에 주목한 오랜 연구 끝에 핵심 성분인 '안젤리카 콤플렉스'를 개발, 브랜드 전 제품에 반영하여 2019년 4월 런칭해 현재 6개 제품으로 구성되어 있습니다.

화장품 구매 시 성분에 대한 관심도 증가와 친환경에 대한 이슈가 전 세계적으로 부각됨에 따라 피부에 직접 닿는 제품인 만큼 피부 자극 테스트를 완료한 저자극 제품을 선보이고 있으며, 자연 유래 원료를 담아 민감하고 연약한 피부도 편안하게 사용할 수 있도록 했습니다.(안젤리카 콤플렉스, 엘더 열매추출물, 서양산딸기추출물, 달맞이꽃추출물 등)

　이외에도 브랜드 전 제품에 콩기름 잉크, FSC(국제산림관리협회) 인증 종이와 같은 친환경 소재를 사용하고 있으며, 재활용 시 처리 과정을 최소화할 수 있는 비코팅 패키지를 적용하고 있습니다. 뿐만 아니라 용기에 라벨이 부착된 상태로 분리배출이 가능한 친환경 수분리 에코라벨을 도입하고 다 쓴 프리엔제 제품 용기 4개를 모아 지정된 주소로 발송하면 원하는 제품 1개로 재발송 해주는 공병수거 서비스를 운영해 재활용의 용이성을 높이는데 더욱 집중하고 있습니다.

　프리엔제의 전 제품은 프리엔제 공식몰(www.preange.com) 및 온라인 종합몰(지마켓, 쿠팡) 등 다양한 온라인 플랫폼을 통해 간편하게 구매 가능합니다.

一 珍, 주식회사 일진코스메틱

일진이란 의미는 하나밖에 없는 보배라는 의미를 담고 있어요.
보배라 함은 귀하고 오래 간직해야만 하는 아주 귀중한 사람, 아주 귀중한 물건, 나에게 없어서는 안되는 존재란 뜻이죠.

보배 같은 직원, 보배 같은 제품, 보배 같은 고객.

(주)일진코스메틱
유동진 회장

모두가 배고픔, 가난 등과 싸우며 생활을 하던 어려운 시대였지만,
희망과 꿈이 많던 시대였기에 곧 머지않아
곱게 화장을 하고 머리를 꾸미는 시대가 올 것이란 믿음과 확신이 있었다.
아름다움과 행복을 추구하는 것은
여성의 욕구 중 가장 중요한 욕구이기 때문이다.
이에 아름다움을 창조하고, 행복을 부여할 수 있는 일을 해 보고 싶은 마음에
유 회장은 화장품 사업에 뛰어들었다.
"아직도 미개척 분야가 많았던 산업이었기에 더욱 해보고 싶은 분야였고,
보람 있는 일이라 생각하여 가족 같은 직원들과 함께 최고품질의 제품으로
최초로 개발된 제품을 만들어
여성의 아름다움과 행복을 만들어 보고 싶은 마음으로 각오를 다지며
일진코스메틱은 1962년 이른 봄에 서울 용두동 자그마한 터에
일진 화학 공업사 라는 꽃씨를 뿌리게 되었습니다."

一珍
도전과 혁신, 헤어케어 시장 선도기업

"1962년 봄 작은 실험실에서 시작된 나의 삶의 현장은 보잘것없고 작았지만, 앞으로 귀중한 아름다움을 간직하고 아름다움을 소중하게 여기는 모든 사람들에게 보다 행복한 삶을 제공하기 위해 화장품산업에 투신하기로 결심했어요."

화장품에 대한 지식과 정보가 많지 않았던 시대, 창업주 유동진 회장은 해외 잡지 등을 구해 보면서 정보를 찾고 실험과 연구에 몰입했다.

모두가 배고픔, 가난 등과 싸우며 생활을 하던 어려운 시대였지만, 희망과 꿈이 많던 시대였기에 곧 머지않아 곱게 화장을 하고 머리를 꾸미는 시대가 올 것이란 믿음과 확신이 있었다. 아름다움과 행복을 추구하는 것은 여성의 욕구 중 가장 중요한 욕구이기 때문이다. 이에 아름다움을 창조하고, 행복을 부여할 수 있는 일을 해 보고 싶은 마음에 유 회장은 화장품 사업에 뛰어들었다.

"아직도 미개척 분야가 많았던 산업이었기에 더욱 해보고 싶은 분야였고, 보람 있는 일이라 생각하여 가족 같은 직원들과 함께 최고품질의 제품으로 최초로 개발된 제품을 만들어 여성의 아름다움과 행복을 만들어 보고 싶은 마음으로 각오를 다지며 일진코스메틱은 1962년 이른 봄에 서울 용두동 자그마한 터에 일진 화학 공업사라는 꽃씨를 뿌리게 되었습니다."

두발 제품의 전문성을 갖추기 위한 노력

한국 미용 시장도 열악하였고, 미용 제품의 다양성과 제품력 또한 서양 제품에 비해 미비점이 많았던 시대였다. 미용실 경영 또한 디자이너, 원장님의 호칭도 없는 동네 아줌마라 부르던 시절, 하루를 살아가는 삶의 현장이었던 그런 시대에 유 회장은 우수한 품질의 미용 제품을 빨리 만들어 세련된 미용실에 외국제품을 대체할 수 있는 한국 제품으로 바꾸고 싶은 욕망이 있었기에 국산화 실현은 시급한 과제였고, 미래를 위한 반드시 이룩해야만 될 사명이라 생각했다. 도시 신사들의 고대머리에 사용했던 포마드와 여성의 지위가 높아짐에 따라 활동성이 편리한 단발머리에 어울리는 퍼머 머리의 등장이 미용 시장을 활기차게 이끌기 시작하던 시기였으며 날로 퍼머의 수요는 점점 늘어가고 있었기에 퍼머액 시장에 조금씩 경쟁이 생기고, 고객들은 제품의 여러 가지 문제들도 알아가게 되었다. 좋은 품질의 제품 개발이 필연적인 과제였고, 원료를 찾아내고 적용하는 데에도 많은 노력이 필요한 시기였다.

대부분 암모니아와 치오글리콜산이 주성분인 펌제가 주류를 이루고 있었기에 파마를 한 여성들의 모발은 강한 알칼리와 강한 환원제의 과도한 화학작용이 모발을 과도하게 손상 시키고 암모니아 냄새로 인한 불쾌감도 많았으며, 또한 모발의 색을 변화시켜 붉게 변하는 일명 불개미 빠마라고 하는 것이 파마의 단점이기도 했다.

"붉게 변한 퍼머 머리를 볼 때마다 안타까움이 많았지요. 그 당시에 퍼머액에 적용되는 환원제를 대체할 수 있는 원료도 없었고, 치오글리콜산이 유일한 환원제였어요. 인체에 적용할 수 있는 환원제를 찾아서 펌제에 적용하기가 쉽지 않은 시대였으니까요. 펌제의 2제는 브롬산나트륨이란 산화제가 쓰였는데 보통 브롬산소다라고 불렸어요. "소다"라는 어원은 나트륨(sodium)이란 의미인데 나트륨이 붙은 물질은 모두 "소다"라고 알고 제조하는 웃지 못할 일도 있었어요."

창의적 사고로 무에서 유를 창조해야 하는 사명

유 회장은 늘 머리 속에는 새로운 원료를 찾아 내야 한다는 생각뿐이었다.

"어느 날 꿈이었어요. 꿈속에서도 찾고 있던 좋은 원료들이 나타나곤 했으니까요. 기쁜 마음으로 실험하다 보면 꿈이었어요. 그런 시간이 계속 되어갈 무렵에 환원성 물질에 식품 첨가물인 시스테인의 분자식이 치오글리콜산과 유사한 분자구조를 갖고 있는 환원성 물질이란 것을 알게 되었어요. 이것이 꿈인지 생시인지 모를 정도로 내게 준 기적의 싸인이었습니다. 몇 날 몇 일을 고민하니 하늘이 내려주신 기회였던 것 같습니다. 어느 날 다락방에서 누렇게 변한 화학과 식품첨가물에 관한 서적을 발견하게 되었지요. 그 중에 뒤적거리다 본 시스테인의 분자식을 발견하고 파마의 환원제인 치오글리콜산의 분자식과 유사하다는 것을 알게 되었어요. 아버지가 빵과 과자를 직접 만들어 사업을 하셨기 때문에 아마도 제과 제빵에 관한 공부를 하실 때 보시던 첨가제 서적이었던 것 같아요."

유 회장이 백방으로 정보를 찾아본 결과 마침내 일본에 아미노산 합성으로 유명한 A회사에서 생산 한다는 것을 알게 되었다. 어렵게 샘플을 찾았고 직접 구입도 하기 위해 일본까지 다녀오길 수차례, 실험은 계속 되었고, 마침내 성과도 보이기 시작했다. 그렇게 새로운 시스테인 펌제 시대를 예고하는 조짐이 보였다.

1970년대에 최초의 천연 모발 성분의 시스테인 펌제의 탄생

유 회장은 "천연 모발에서 추출한 시스테인으로 파마를 한다, 고객이 기뻐할 생각만해도 신이 나고 가슴이 벅차올랐어요. 수없이 많은 실험을 하고, 시행착오도 많았으며, 수 없이 많은 현장 테스트를 했습니다. 테스트를 거듭하고, 보완하고, 수년간의 연구기간이 지나고, 드디어 식약청 심사를 득하고 보사부 허가(품목허가)를 취득하여 상품화하게 된 것이 1976년이었으니까. 아주 먼 옛날 이야기가 되었네요."라고 회상한다.

좋은 제품은 고객이 만드는 것이다

케론(CALON)의 탄생

이렇게 우여곡절을 거쳐 탄생된 것이 최초의 시스테인 펌제인 케론 시스테인[CALON CYSTEINE]이다. 케론은 고객의 요구에 응답하기 위해 준비했다는 의미의 Call on으로부터 착안하여 만들어진 "고객의 요청"이란 의미를 갖고 있다.

원료가 풍족하지 않았고, 외국에서 원료를 수입하는 일도 수월

하지 않던 그 시절에 시스테인 제품은 만들기도 쉽지 않았고, 많은 양을 생산하기에도 힘든 시기였기 때문에 명동의 얼리어답터 미용실에만 한정적으로 공급할 수 있을 정도였다.

"점점 소문이 나고 주문은 늘어만 갔습니다. 방치시간을 오래 두어도 모발이 손상되지 않는 파마약, 암모니아 냄새가 나지 않는 펌제로 케론시스테인[CALON CYSTEINE]은 만들기가 무섭게 전국으로 전파되기 시작했어요. 사업을 시작한 이후로 가장 흥분되고 가슴이 벅찬 순간이었습니다."

생산 현장이 비좁았기에 보다 넓은 장소가 필요했고 새로운 생산 설비도 필요했기에 인천 북구 효성동으로 공장을 이전하게 되었다. 그곳에 비록 컨베이어 벨트만 있는 설비였지만 케론시스테인 전용 라인을 설비하여 본격적인 생산을 하고, 제품을 보완하여 미용시장 최대 점유, 최고 품질, 단일 제품 최대 생산실적 보고를 한 제품으로 성장하게 되었다.

1976년 케론시스테인 개발

1984년 (주)일진화학으로 상호 변경

일진이 탄생시킨 첫 번째 보배

케론 시스테인[CALON CYSTIEINE]은 일진이 낳은 하나의 보배가 되었다. 지금까지 일진을 지켜오고, 브랜드를 개발하고, 새로운 사업에 도전할 수 있는 여력과 기회를 보장해주던 보호자 구실을 해준 가장 귀중한 보배이다.

'우리도 우수한 제품을 스스로 개발할 수 있다는 자신감을 갖고'

70~80년대에 다양한 헤어 케어로 유명한 외국 브랜드들이 국내에 진출해 자리를 잡고 있었고, 국내 헤어 케어 제조업체는 단순한 세정제 및 포마드, 머리기름, 그리고 펌제 염모제 등을 제조하는 것이 대부분이었기에 헤어 케어의 지속성장동력을 찾기 위해 해외 유명 업체와 기술 제휴 형태로 기술을 전수받아 개발하는 형태로 연구에 박차를 가하는 시기였다.

로레알, 웰라, 레브론, 레드켄, 헬렌커티스, 크레이롤, 아리미노 등 외국의 프로페셔널 브랜드로 유명한 회사와 기술협약을 맺고 수입 및 기술제휴가 활발히 이루어지는 시기에 일본의 헤어 케어 전문 회사인 아리미노사와 기술제휴계약을 체결하고 동양인 모발을 연구한 데이터를 토대로 개발된 동양인의 모발에 적합한 두발 화장품 정보와 기술 등을 습득하고 앞으로 헤어 케어 기술발전과 국산화 실현을 위해 연구 중심의 경영 체계로 돌입했다. 작은 실험실은 이제 새로운 처방을 만들고 새로운 원료를 발굴하는 연구실로의 역할을 하기 시작했고, 새로운 원료로 새로운 제품을 만들고 실험하여 다양한 헤어 케어를 개발하는데 모든 역량을 집중했다. 액체상의 1제와 2제가 혼합되면 젤 상이 되는 염모제, 짧은 시간에 빠르게 염색되는 염모제, 크림상의 염모제, 샴푸형 염모제를 비

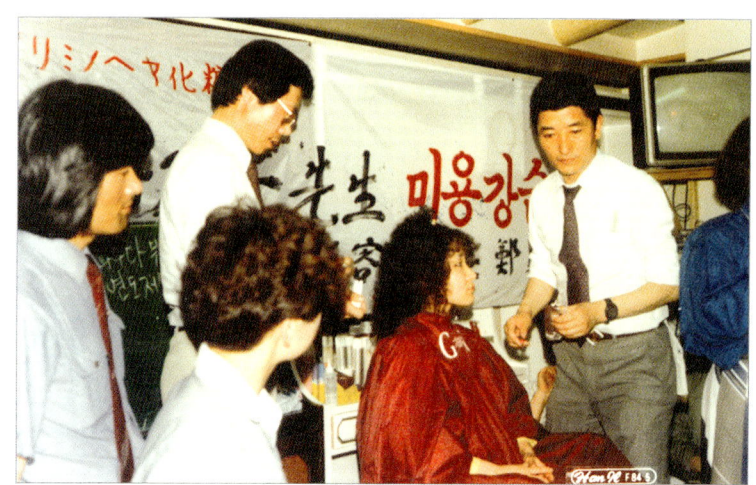

1980년대 일본 아리미노 초청 세미나

롯해 헤어 샴푸, 헤어 컨디셔너, 헤어 스프레이, 헤어 무스, 헤어 로션, 헤어 에센스 등의 제품 연구가 활발히 이루어졌다.

다양한 헤어 케어의 등장

펌제와 염모제를 주로 생산하던 70년대에서 기술제휴를 통해 연구 개발이 활발히 이루어진 80년대는 다양한 헤어 케어를 개발하기 시작하였으며, 미용문화의 변화가 빠르게 진행되어 해외 미용문화가 발 빠르게 한국 미용문화 뿐 아니라 제품 시장도 바꿔 놓

1982 일본 아리미노와 기술제휴

기 시작했다.

급속도로 산업이 발전하고, 프로스포츠 시대가 시작되었고, 우리나라에서 아시안 게임이 최초로 개최되며, "바덴바덴"에서는 한국 최초 88올림픽 개최가 확정이 된 시기였기에 모든 산업이 활기찼고, 1982년 1월 6일 통행 금지도 해제되는 역사적인 변혁의 시대였기에 역동적인 도시의 문화혁명이 일어난 시기라고 할 수 있다. 모든 라이프 스타일의 혁명이 일어난 것이다.

1983년 기술제휴기념 헤어 페스티벌 롯데호텔

모두가 희망과 자신에 차 있었고 할 수 있다는 야망이 불타던 시기, 신세대 미용인을 위한 잔치를 롯데 1번지에 위치한 롯데호텔에서 한국 헤어 케어 제조 기업 최초로 헤어 쇼를 개최하기도 했다. 당시에 미래의 미용 문화를 이끌어갈 야심찬 젊은 헤어 디자이너와 유명 미용인 1,800여명이 모인 자리에서 그 동안 연구 개발한 다양하고 새로운 제품과 선진 미용기술을 선보이고, 미용문화를 선도하며, 한국제품의 우수성을 인정받기 위한 자리를 마련하게 되었다. 그 당시 사회자는 가장 인기가 높았던 연예인 젊은 이덕화와 김청이 진행해서 많은 관심과 호응을 받았던 행사였다.

헤어 케어 브랜드가 나타나기 시작한 시기

단일제품으로 제품을 출시했던 시대를 넘어 이제는 제품을 시리즈로 개발하여 브랜드를 만들기 시작한 시기였다. 펌제에 국한했던 시점에 일진은 주 품목 펌제만 해도 수없이 많은 제품이 생기고 사라지고를 반복했다. 대표적인 제품 케론, 라세랑, 몰포, 해초, 나도나도, 스프링, 카멜리아, 마그노리아, 위스테리아 보니띠따, 리본스 등이 있었다.

그 시대에 미용인들은 한글 명이 아닌 외래어 같은 제품명을 매우 고급스럽게 여겨 차별화된 이름으로 자리잡았다.

토탈 헤어 케어 브랜드의 탄생

헤어 케어 시리즈 나뚜비아 [NATUBEA] 의 탄생

나뚜비아는 NATURAL + BEAUTY의 합성어로 자연주의 컨셉으로 만든 아름다움을 연출하는 제품으로 만들어졌으며, 제품의 성분은 식물성 원료로 하여 모발에 영양을 주는 밀, 콩, 옥수수, 등 식물성 단백질 (PHYTO KERATIN) 컨셉의 최초의 토탈 헤어 케어 브랜드이다.

자연친화적인 원료와 환경 친화적인 부자재를 엄선하여 만들어진 친자연, 친환경을 추구하기 위해 브랜드 모든 제품의 용기 소재를 가능한 PE 재질로 사용했다. 플라스틱의 과다 사용으로 인하여 지구의 환경에 심각한 문제가 생길 것이 자명하기 때문에 지금부터 준비를 하고 전 직원들이 환경문제에 관심을 갖고 제품 개발을 시행하고 있다.

"앞으로 지구는 환경오염으로 우리에게 큰 재앙으로 돌아올 것에 대한 걱정이 많아요. 따라서, 앞으로 환경 친화적인 제품을 염두해두고 개발해야 합니다. 화장품의 수요는 폭발적으로 늘어날 것이고, 우리의 제품이 세계적인 제품으로 나가기 위해서는 자연을 보호하고 지구를 오염시키지 않아야 지속 가능한 산업으로 발전할 수 있으니까요."

일진의 기술은 세계적인 수준으로 발전하고 있었다. 각종 기술 세미나를 통해 기술을 교류하고 있고, 해외 박람회와 유명 헤어 쇼 등을 관람하며, 폭 넓은 미용 행사가 세계 곳곳에서 활발히 일어나고 있었기 때문이다. 따라서 다양한 제품이 요구되고 다양한 헤어 스타일을 만족시킬만한 우수한 제품의 개발도 박차를 가했다.

브랜드는 내가 만드는 것이 아니다.

제품의 설계와 론칭은 누구나 할 수 있지만, 브랜드가 만들어 지는 것은 고객의 선택이기에 그리 쉬운 것은 아니다. 고객이 찾지 않는 제품은 브랜드로서의 가치를 상실하게 되기 때문이다. 그러므로 진정한 브랜드는 내가 만드는 것이 아니라 고객이 그 이름을 부를 때 비로서 브랜드의 가치를 찾을 수 있다.

90년대 브랜드를 만들어야 살 수 있다

"브랜드를 만들기 위해 여러 시도를 해 보고, 실패도 해보는 시기였어요. 여러 모델을 써서 광고도 해보고, 홍보도 해보지만 기대만큼 그렇다 할 성공한 브랜드가 없었습니다.

일진은 유일하게 케론[CALON]만이 브랜드로 자리 잡고 있을 뿐이었어요. 미래를 위한 신선한 제품 개발과 노력에 대한 반응은 그리 신통하지 않았으니까요. 자연주의를 표방하고 성능이 좋은 신제품을 만들어 유명 연예인을 모델로 전문잡지나 신문 등에 광

1984년 전속모델 도입

고를 해도, 생각만큼 기대에 미치지 못하였으니까요. 90년도에는 헤어 케어의 브랜드 론칭 시대였어요. 많은 시행 착오도 겪었고, 수많은 헤어 케어 브랜드가 넘쳐났지요."

본격적인 영업활동 개시

　대행으로 유통사업을 전개해오던 일진은 유통의 확대와 직접적으로 유통사업을 시작하기 위해 조직을 개편하고 유통사업부를 만들기로 결정하고 추진하였다. 유통 라인이 없었던 당시에 제품을 고객에게 홍보하고 판매하는 것은 새로운 시작이었다. 이에 유통사업부가 신촌 사옥에 자리 잡게 되었다. 미용교육 스튜디오를 만들어 교육시스템을 운용하고, 미용재료상과 미용실을 찾아 다니며 직접 교육하고, 제품 사용법과 기술을 전수하는 등의 활발한 교육 시스템을 가동했다. 제품 개발의 연구중심, 최고품질주의 회사라는 홍보, 마케팅, 교육시스템을, 접목하여 프로페셔널 헤어 전문회사로 거듭 날것을 다짐한 시기였다.
　자연주의 컨셉의 제품으로 미용 문화를 선도하는 기업으로, 미용인을 보배로 여기는 미용 발전의 길라잡이로서 거듭나도록 노력하였다. 새벽부터 직원들은 미용실에 직접 방문하여 교육과 상담을 실시하였고, 제품 시술을 직접 시연해 보면서 늦은 밤까지 고객 밀착 마케팅으로 미용인과 친밀감 있는 교육과 영업시스템을 운영했다. 미용실은 명동에서부터 강남, 압구정, 이대, 홍대 등 젊은이들이 있는 곳에 새로운 컨셉과 감성으로 빠르게 변모되고 발전해 나가고 있었다. 미용실도 브랜드가 탄생하는 시점이었다. 대형 미용실, 유명 미용실이 표면으로 부상하여 나타나고, 확장되어 분점을 만들어 가기 시작했다. 미용실이 프랜차이즈화 되어가고 미용 시장의 확장이 매우 빠르게 진행되고 있던 시기였다. 90년대 최대의 금융위기가 있을 때에도 크게 위축되지 않고 미용 시장은 계속 성장해 가고 있었다.

공장 확장이전과 NATURALISM HAIR CARE

1997년 미용시장성장과 브랜드 확장으로 인한 대량생산 시스템 확보를 위한 보다 넓고 쾌적한 공장이 요구되었기에 시흥시 정왕동 시화공단에 3,000평 규모의 공장을 신축하고 케론시스테인 자동생산라인 시설과 헤어케어 라인 설비를 갖추어 토탈 헤어케어 연구,생산 기지를 마련하였다.

이곳에서 최초로 연구개발한 자연주의 컨셉의 야심 찬 브랜드

1997년 일진코스메틱 공장 신축

"듀렌"이란 브랜드를 론칭했고, 가장 큰 위기였던 금융 위기 시기에도 미용시장의 성장세는 계속되었으며 그 결과도 매우 만족스러운 성장을 이뤄냈다.

날로 번창하는 미용시장 뿐만 아니라 미용재료 유통 또한 함께 성장하고 있었기에 또 다른 브랜드 요구가 많았다. 듀렌[DUAL-N]은 Near-Nature란 의미로 "NN" "N"이 두 개라는 의미이다. 최대한 자연에 가까운, 즉, 화학적인 원료를 최대한 배제하는 범위에서 개발된 제품이다. 듀렌은 자연주의 컨셉으로 자연주의를 추구하는 미용문화와 발걸음을 함께한 브랜드이다. 활발한 교육과

1997년 네추럴헤어케어 브랜드 듀렌 발매

홍보, 그리고 다양한 프로모션을 통해 전국으로 확대하는데 많은 시간이 걸리지 않았다. 모두들 한마음으로 묵묵히 자기 자리를 지켜준 가족 같은 보배들이 있었기에 어둡고 암담했던 금융위기에도 슬기롭게 잘 넘길 수 있었다.

진정한 프로페셔널 헤어 케어 브랜드로 자리잡다

"일진 제품에 대한 선호도가 매우 높았어요. 우후죽순으로 생겨

나는 미용재료 유통회사들의 브랜드 요청이 많아졌지요. 시장에서 가격 경쟁을 피하기 위해 자신만의 경쟁력을 갖춘 브랜드의 요청으로 브랜드의 다양화가 나타나게 되었습니다. 또한 헤어 케어뿐만이 아닌 두피 케어 시장이 움트기 시작하면서 새로운 활력이 넘쳐나고 있었어요."

2000년대 두피 케어와 온라인 유통의 태동

"밀레니엄시대!

모든 것이 변한다는 Y2K!

한국 미용 시장도 변하고 새로운 스타가 탄생하는 시대가 도래한 것이지요. 모든 매스컴에서 "세기가 바뀌고, 세대가 바뀌고, 세상이 바뀌는 시대에 모든 것이 바꾸지 않으면 미래는 없다"라고 연일 "Y2K"를 얘기하곤 했어요.

세계가 매우 긴장된 시기였기에 두려움도 많았던 시대였어요.

저가 화장품 브랜드 등장, 온라인 유통의 시작, OEM, ODM도약, 해외시장 개척의 글로벌시대, 디지털 시대의 본격화로 시장의 변화는 걷잡을 수 없게 변화되고 빠르게 발전해 가고 있었지요.

기존의 사업전개와는 달리 점진적으로 변화되는 것이 아니라 혁신적으로 변화해 갔으니까요. 프로페셔널 헤어 케어 제품에만 전념했고, 오프라인 유통으로만 전념했던 우리는 매우 당혹스런 시기였던 것 같습니다. 그렇지만 고집스럽게 프로페셔널에만 집중했고, 한국을 넘어 동양인 모발에 가장 잘 맞는 제품, 아시아 No1 프로페셔널의 브랜드를 만들어 나가자고 천명했지요."

 온라인과 오프라인 양립과 대립으로 브랜드는 시장에서 정체성을 잃어가고, 경쟁력을 잃어가고 있었다. 새롭게 시작해야 되겠다는 신념으로 다시 일어섰다.

 밀레니엄 시대에 편승하지 못하면 미래가 없어 보였기에 변화를 추구해야 했다.

 두피 클리닉 시대가 오고 있고, 해외시장 개척에 모두 글로벌을 외치며 가격 경쟁력 있는 제품 개발에 매진했다.

 다양한 기술 보급으로 헤어 제품의 다양성으로 프로페셔널 다운 브랜드 일진케론 아르떼[Arte]를 출시하였다. 아르떼[Arte]란 Art + Technology의 의미를 갖고 있는데 "헤어 디자인은 예술이고, 프로페셔널 다운 기술을 발휘 할 수 있을 때 예술은 완성된다"라는 프로페셔널 전문 브랜드이다.

 헤어케어 종합 브랜드로서 개발되었고, 글로벌 브랜드로 수출도 할 수 있도록 개발된 브랜드였기에, 중국, 동남아시아로 확대하기 위한 계획으로 개발하게 되었고, 적극적인 홍보와 마케팅을 실행

2000년 일진케론 아르떼 발매

했다.

  아시아인의 머리에 적합하고, 헤어 디자이너의 기술을 통해 아름다움이 창조되는 토탈 헤어 케어 브랜드로 출발했다.

아시아 No.1 프로페셔널 브랜드 ILJIN CALON Arte

  준비된 브랜드의 홍보 마케팅을 위해 2002년 9월 해외 미용재료 유통회사 관계자들을 초청하고 한국 헤어 디자이너 5,000여명을 초청하여 한자리에 모아 대규모 헤어 쇼를 개최하게 되었다.

2002 창사 40주년을 기념하고, 한일 월드컵을 자축하는 한편 미용문화도 교류하고자 한일 공동으로 자리를 만들어 한국 유명 미용실 디자이너와 일본 NHK 방송국에서 방영한 오락 프로그램 시저스리가 우승자들을 초청하여 한자리에서 헤어 테크닉 이벤트인 "Made in Korea ILJIN Revolution"을 한국과 일본 젊은 디자이

2002년 Made in KOREA ILJIN REVOLUTION

너들의 감성 높은 헤어 테크닉을 올림픽 역도 경기장 특설 무대에 한 자리에 모여 성황리에 개최하게 되었다. 그때에 출연한 일본 유명 미용실 아슈, 아플로테, 에아, 리치, 디멘젼 등 새 시대에 미용기술을 선도해 가는 그룹이었고 그러한 테크니션들을 일컬어 카리스마 미용인으로 불리웠다. 그들과 함께 한국 미용을 선도하던 젊은 헤어 아티스트들도 함께 무대에 출연했는데, 준오 헤어, 박승철 헤어, 이철 헤어커커, 그리고 교육 아카데미를 운영하던 젊은 디자이너들(사이리, 원옥, 크리스기, 윤상미, 이동주, 권오혁)이 연합한 아크(Arc)팀 등이 서로 경쟁하듯이 기술을 연마해 혁신적인 미용기술을 뽐내며 전파하고 새로운 미용 문화를 이끌어 가는데 도화선이 되었다. 한일 월드컵 공동개최와 맞물려 미용 문화 교류뿐만 아니라 나아가 중국 및 아세안 국가들에게 한국 미용산업과 발전한 한국 두발화장품 기술을 널리 알리고자 하는 선포식이었다.

두피 케어 시장의 본격화

헤어 케어 시장의 발전과 두피 케어 시장의 본격화로 인한 두피 건강 원료 특허 개발 및 제품 개발을 본격적으로 진행하게 되었다.

"우리 고유의 한방 원료가 탈모방지에 좋다는 것들이 많이 있었어요, 머리가 검게 변한다는 하수오, 젊음을 되찾게 해준다는 당귀, 탈모 예방에 탁월한 검은 빛깔의 씨앗들을 바탕으로 한방 성분의 컨셉으로 태어난 것이 초목담 한방 브랜드입니다."

초목담은 草(풀), 木(나무), 談(이야기)로 풀, 나무들이 인체건강에 이로운 에너지를 주고 모발에도 긍정적인 에너지가 발현되기 때문에 그러한 근거로 연구 개발한 탈모방지 및 두피건강을 위한 브랜드이다.

옛날부터 창포물에 머리를 감고 부드러운 머리 결을 유지했던 옛날 여인들의 이야기가 많이 전해져 내려오고 있는데, 탈모에 관한 처방으로는 하수오, 구상나무, 어성초, 고삼, 인삼, 당귀 등의 한방 천연 추출물들이 좋다는 것은 익히 잘 알려져 있었다. 이에 프로페셔널 한방 탈모 제품을 개발하였고, 많은 호응을 받았다. 탈모가 보다 심한 서양인들의 탈모관리 물질에 많은 관심과 연구도 병행하였다. 오래 전부터 아로마 에센셜 오일의 효능에 대해 관심이 많았기에 아로마 테라피를 이용한 두피관리 시스템을 개발하였고, 도모(DONO)라는 미용실 전용 스칼프 시술 4단계 클리닉 시

2004년 한방 두피케어 초목담 발매

스템으로 개발되어 이것이 지금까지 사랑받는 피토스토리의 전신이다. PHYTOSTORY 또한 식물들의 이야기란 뜻으로 초목담과 같은 의미의 브랜드이다.

피토스토리는 현재에도 미용실에서 두피관리 시스템으로 자리잡고, 호평 받고 있으며, 내추럴리즘과 천연 아로마 에센셜 오일을 컨셉으로 두피의 경혈 경락이란 민간요법과 아로마 테라피라고 하는 향유의 효능을 접목하여 두피관리 시스템을 완성한 최초의 두피 케어 제품을 출시함으로써 여러 곳에 많은 고정 고객을 확보하여 피토스토리의 매니아층이 형성되어 있다.

많은 관심을 갖고 있는 아로마는 합성 향과는 다르게 인간에게 유용한 신비로운 에너지를 갖고 있다. 심신을 편안하게 해주고, 혈행을 원활하게 해주는 향기 에너지를 갖고 있어 인체건강과 정신건강에 많은 효능을 발현하기에 가장 관심이 많은 물질이기도 하다. 별도의 전문가를 영입하여 아로마향만을 연구하는 전담 요원을 운영할 정도로 관심이 많은 분야이다. 그러므로 한번 사용해본 고객은 매니아가 될 수 밖에 없는 매력 있는 브랜드이다.

2004년도 중국 프로페셔널 주재소 설립

중국 미용 박람회를 참가하고 폭발적인 성장을 거듭하는 중국 및 동남아 시장의 글로벌화를 위한 시장 개척을 위해 박차를 가했다. 중국의 작은 도시에서부터 일진 케론 아르떼를 알려 나가기 시작했고, 아직 좀 이른 감이 있었지만 피토스토리도 선을 보였다.

"아주 저렴한 중국 제품과의 경쟁은 처음부터 쉽지 않은 도전이었지만 우수한 제품 개발 능력과 우수한 제품력으로 끈기 있게 노력한다면 좋은 결과가 오는 것은 당연하다고 믿고 싶었어요."

조금씩 브랜드가 알려지고 제품의 효능이 입증되면서 중국 대

2006년 무역의 날 100만불 수출탑 수상

2012년 일진코스메틱 50주년 행사 in BEIJING, CHINA

리점이 늘어나기 시작했다. 이제는 현장을 직접 관찰하며 본격적인 마케팅이 필요하다 판단하고 중국 주재소를 설립하였다. 2004년도에 주재소 사무실을 개설하고 직접 교육하면서 제품을 홍보하는 프로페셔널 영업에 집중하였고, 2006년도에 상하이 헤어 쇼도 개최하면서 일진케론 아르떼를 리뉴얼 하고 제품을 론칭하여 중국 미용인들의 많은 호응도 있었다. 그 결과 중국 전역에 브랜드 인지도도 많이 높아져서 작은 성과지만 2006년 11월 무역의 날 대통령 배 100만불 수출 탑을 수상했다.

2012년 일진코스메틱 50주년을 기념하기 위한 헤어 쇼를 베이징에서 많은 중국 미용인을 초청하여 한국 미용 기술과, 새로운 개념의 제품들을 선보이는 기회를 마련하기도 했다.

현재 해외시장은 중국을 비롯해 러시아, 미국, 캐나다, 베트남, 필리핀, 말레이시아 싱가포르 등으로 프로페셔널 제품을 수출하고 한국 미용문화를 알리고 있다.

공장 혁신 사업과 품질 경영으로 신뢰 기업 기초 마련

좋은 제품과 신뢰받는 제품 개발의 기본은 철저한 품질관리 시스템이 운용되는 생산 현장이 있어야 가능하다. 글로벌 시대에 경쟁력 있는 제품 개발을 위한 중앙연구소를 2000년도에 설립한 것은 헤어 케어 전문 회사로서는 최초로 중앙연구소 설립이었다. 그로 인해 국민 보건 향상 표창장도 수여했는데, 이는 부끄럽지 않도록 대한민국을 대표하는 정직한 제품으로 글로벌 경쟁에 자신감을 갖고 개척하라는 의미로 여기고 있다.

일진코스메틱은 창조적인 정신을 바탕으로 정직한 기술로 전문성을 발휘하고 초심을 잃지 않는 겸손한 자세로 끝까지 도전하고 완성하는 끈기 있는 기업으로 60년을 넘어 멈추지 않고 영원한 기업으로 발전해 나가기 위해 체계화된 품질관리 경영 시스템을 운영하고 있다.

이미 ISO 9001, ISO14001 경영 시스템 획득으로 신뢰 있는 기업으로서 국제적인 경쟁에서 뒤처지지 않는 화장품 회사가 되기 위한 노력을 하고 있으며, 원료 약품 개발에도 지속적인 관심과 앞으로의 화장품 소재의 경쟁이 곧 기업 경쟁력이 되기 때문에 소재 연구와도 파트너십을 체결하여 소재 정보를 가장 빠르게 습득하고 적용할 수 있는 체계를 마련하였고, 해외 수출에도 공인할 수 있는 KOTRA보증 기업으로 선정되기도 했다.

경기지방중소기업청으로부터 수출 유망 중소기업으로 선정되었으며, 또한 INNOBIZ 기술 혁신 형 기업으로도 선정 되었다.

"밀레니엄 시대, 글로벌 시대에 맞는 기업 만들기 위한 노력을 경주하며 빠르게 세월이 흘러간 것 같습니다. 이렇게 여러 방면으로 준비하고 미래 먹거리를 찾아 현장에서 노력해준 임직원과 그를 진두 지휘 하고 있는 유승우 대표에게도 많은 격려와 함께 앞으로 해야 할 계획들이 더 많기에 더욱더 프로페셔널이 되도록 노력하라고 독려를 많이 하고 있어요."

급변하는 화장품 산업의 방향을 예측하라

"생산과 유통의 전문화가 현실화 되었어요. 생산과 유통이 독립된 전문화된 화장품 산업입니다. 다양한 브랜드가 유통업자에게 있으며, 다양한 브랜드를 제조하는 제조업자가 확연히 분리 공존하고 있으니까요. "

온라인 시장의 확대와 발전으로 다양한 시장이 만들어지고 있다. 홈쇼핑, 인터넷 쇼핑몰, 브랜드 별 폐쇄몰, 종합 오픈몰 등 시장은 빠르게 변화하고 있다.

"우선 변화되는 화장품 시장에 발 맞추기 위해서는 최고의 품질을 만들어 내는 것이 우선이라고 생각했습니다. 우수 화장품 제조 및 품질관리 기준을 준수하기 위해 공장 하드웨어 시스템과 품질관리 시스템을 정비하여 2015년 ISO22716과 식약처 CGMP를 인증 받았어요. 생산 환경 개선을 위해 공장도 증축했으며, 앞으로 다양하고 유니크 한 제품들이 많이 요구되기에 다양한 기계설비도 갖추었어요."

유니크 한 제품 개발로 다양한 화장품 라인 구축

시장의 다양성에 적응하고 대처하기 위한 제품 개발에 역점을 두고 연구중심의 아이디어를 발굴하도록 독려하고 있다. 투 헤드 듀얼 펌프 개발, 파이버 생성 헤어 스타일링 왁스, 형상 기억 스타일링 젤, 롯드 없이 웨이브를 할 수 있는 펌제 등을 개발하였고, 일부 제품은 홈쇼핑에 론칭 하여 성과를 내기도 했다. 특히 투 헤드 듀얼 펌프를 이용한 컨디셔너는 거품 나는 헤어 트리트먼트로서 한번에 완성할 수 있는 컨셉으로 한쪽에서는 세정력을 한쪽에서는 양모 효과를 얻을 수 있도록 개발된 것으로 인기를 누렸던 제품이다. 홈쇼핑 사상 이미용 제품 분야에서 1위를 차지 하고 연간 400억 이상의 매출을 이룩한 상품이기도 하다.

시트 없이 얼굴에 뿌리면 흘러 내리지 않고 효과를 볼 수 있는 에어로졸 타입의 마스크 팩 또한 흥미를 갖게 만든 상품으로 일부 고객들에게 신선함을 주었던 제품도 있었으며, 모발에 볼륨을 주기 위한 볼륨 왁스도 웨이브 스타일에 볼륨감 있게 아름다운 스타일을 연출해 주었던 차별화가 확실한 제품들이었다.

한번도 경험해 보지 못한 예측불허 시대

"2020 코리아 트렌드에 Make or Break, specialize or die 가 있는데 공감이 가는 문구였어요.

"특화 생존" 특별하지 않으면 사라진다. 이것은 여러 가지의 의미가 함축되어 있는 것 같아요.

한시도 멈춰서 기다릴 수 없는 혁신의 시대라는 것이지요. 혁신이란 살 가죽을 벗겨 새로운 가죽으로 갈아 입힌다는 의미인 만큼 아픔과 고통이 매우 심할 것인데 이를 감내하지 못하면 도태하고 말 것이라고 경고하는 메시지로 받아들여 졌어요. 앞으로 젊은 세대들이 신 문명에 새로운 과제를 슬기롭게 헤쳐 나갈 수 있으리라 믿어요. 변화되는 시장에 적응력도 좋고 미래를 바라보고 알아가는 정보 습득 능력 또한 빠르니까요."

앞으로 제품 품질은 우선이겠지만, 다양한 온라인 유통의 무한 경쟁에서 가치 경쟁력이 매우 중요한 요소로 대두될 것으로 전망된다. 따라서, 일진은 차별화된 제품 연구와 경쟁력 있는 공장의 생산 혁신이 매우 중요한 요소로 작용할 것이기에 연구소와 공장

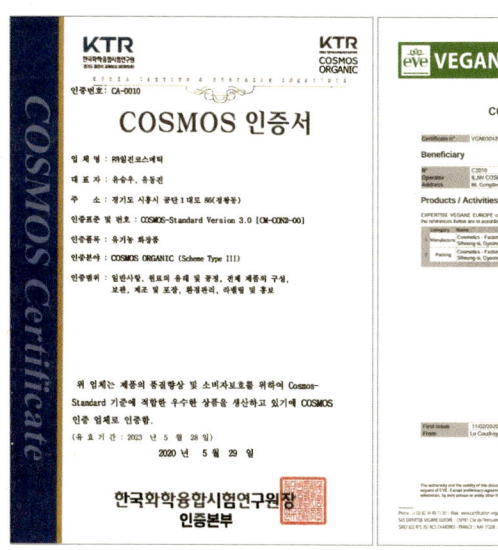

COSMOS 인증서

EVE VEGAN 인증서

생산 프로세스를 혁신적으로 정비하였다. 생명력 있는 똑똑한 제품을 스마트한 공정에서 생산되고 스토리가 있는 자연친화적, 환경 친화적인 제품을 만들기 위해 초개인화 되어가는 고객 니즈에 부합하기 위해 "비건" 인증을 획득하였으며, 현 시대적 요구에 맞추어 "유기농 코스모스" 인증도 완료하였다.

 유 회장은 "앞으로 K 뷰티가 세계를 선도하듯이 두발 화장품 산업과 프로페셔널 미용 산업의 발전을 선도하는 기업이 되기 위해 자연의 긍정적 에너지를 전달하고 정직한 기업으로서 초심을 잃지 않고 겸손함으로 영원한 대한민국의 일진이 되고 싶습니다."라며 굳은 신념을 밝혔다.

'미와 건강 분야의 브랜드 컴퍼니'
서경배 대표는 취임 이후, 21세기 기업 비전을 '미와 건강 분야의 브랜드 컴퍼니'로 정하고, 전면적인 개편을 단행했다.
축적해온 기술력을 바탕으로 '레티놀 2500'을 출시하며 기능성 화장품 카테고리를 만들어낸 아이오페,
한방화장품 연구의 결정체인 설화수 브랜드의 성공 등을 바탕으로 아모레퍼시픽은 다시 도약할 수 있었다.

아모레퍼시픽그룹
서경배 대표이사 회장

아모레퍼시픽그룹은 아시아 미(美)의 정수를
세계에 전파하겠다는 기업 소명의 실현을 위해 정진해 왔다.
1945년 창립 이래,
아시아의 진정한 아름다움과 가치를 찾아내어
세상과 소통하기 위한 활동을 꾸준히 펼쳐 왔으며,
아모레퍼시픽만이 창조할 수 있는 아름다움은
'아시안 뷰티'에 있음을 깨닫고
이를 창출하고 계승해 나가고자 노력하였다.
아모레퍼시픽은 고객의 미와 건강(Beauty & Health)을 추구하는,
대한민국을 대표하는 기업으로 굳건히 자리매김했다.

'최초', 그리고 '최고'를 향한 아모레퍼시픽 미(美)의 여정

　　　　　아모레퍼시픽그룹 서경배 대표이사 회장은 아모레퍼시픽을 고객의 미와 건강(Beauty & Health)을 추구하는 대한민국을 대표하는 기업, 세계 뷰티기업들과 어깨를 견주는 글로벌 기업으로 성장시킨 장본인이다. 1997년 (주)태평양(現 (주)아모레퍼시픽그룹) 대표이사 사장 취임 이래, 창업자 서성환 선대회장이 일구어 놓은 훌륭한 유산을 현대적으로 재해석하여 발전시키는 탁월한 경영능력과 리더십을 보여주고 있다.

　아모레퍼시픽그룹 서경배 회장은 1997년 3월 18일, (주)태평양 대표이사에 취임했다. 당시는 1986년 화장품 수입 개방 이후 격화된 경쟁 등으로 인해 많은 사람이 국내 화장품 업계를 사양 산업으

로 생각하던 시기였다. (주)태평양(現 (주)아모레퍼시픽그룹)에서는 구조 조정과 경영 혁신이 한창 진행 중이었다. 태평양증권, 태평양전자, 태평양돌핀스, 태평양패션 등 계열사 매각 작업이 순차적으로 진행되고 있었지만, 회사의 존망이 위협받는다는 평가도 있던 때였다.

서경배 대표는 취임 이후, 21세기 기업 비전을 '미와 건강 분야의 브랜드 컴퍼니'로 정하고, 경쟁력 있는 브랜드를 선별해 경로별 포트폴리오를 재구성하는 등 회사의 전면적인 개편을 단행했다. 창업 이래 축적해온 기술력을 바탕으로 '레티놀 2500'을 출시하며 기능성 화장품 카테고리를 만들어낸 아이오페, 한방(韓方)화장품 연구의 결정체인 설화수 브랜드의 성공 등을 바탕으로 아모레퍼시픽은 다시 도약할 수 있었다. 더불어 진출 국가와 도시, 고객의 특성에 가장 적합한 브랜드를 바탕으로 한 글로벌 시장 진출도 지속해서 이어갔다.

이후 아모레퍼시픽은 고객의 미와 건강(Beauty & Health)을 추구하는, 대한민국을 대표하는 기업으로 성장해나가고 있고 평가받는다. 1990년대 초부터 진행해 온, '미'와 '건강'으로의 선택과 집중을 통한 핵심 사업 역량 강화는 2006년 지주회사인 (주)아모레퍼시픽그룹과 사업회사인 (주)아모레퍼시픽의 분할을 통해 성공적으로 마무리할 수 있었다. 이 과정에서 서경배 대표이사는 기업 내외의 이해관계자들로부터 여러 차례 경영 능력과 더불어 지속적인 성장 가능성을 인정받은 바 있다.

세계 최초로 '쿠션' 카테고리를 탄생시키다

'과학과 기술에서 우위를 확보해야만 세계 선두기업으로 도약할 수 있다'는 창업자의 신념을 이어받아 업계 최초로 연구실을 개설한 이래, 아모레퍼시픽은 연구 개발을 위한 노력도 지속해서 이어왔다. 2010년 제2연구동 '미지움(美智um, Mizium)' 설립, 최

초와 최고를 향한 연구 개발 노력을 바탕으로 여러 브랜드의 대표 제품을 비롯해 세계 최초로 '쿠션' 카테고리를 탄생시키는 성과를 이뤄냈다.

　기초과학 연구의 중요성 및 장기적·지속적 지원의 필요성에 주목한 서경배 회장은 2016년, 공익 재단인 '서경배과학재단'을 설립했다. 서경배과학재단은 서경배 이사장의 사재 출연금 3천억 원을 바탕으로 '혁신적 과학자의 위대한 발견을 지원해 인류에 공헌한다'는 미션을 이루고자 한다. 매년 신진과학자를 선발해 5년 동안 최대 25억 원의 연구비를 지원하며, 유수의 국제학술지 게재 등을 통해 관련 성과도 확인하는 중이다.

　또한 아모레퍼시픽은 책임 있는 기업 시민으로서 소임을 다함으로써, 세상의 아름다운 변화를 실현하기 위해 다양한 사회공헌

활동 또한 지속해서 확장해왔다. 메이크업 유어 라이프(Makeup Your Life) 캠페인, 핑크리본 캠페인, 희망가게 등 여성의 삶을 아름답게 하기 위한 대표 사회공헌 활동을 전개했으며, 여러 공익재단을 설립하여 운영 및 후원해왔다. 2007년에는 유엔글로벌컴팩트(UNGC)에 국내 화장품 업계 최초로 가입했고, 2009년에는 대내외에 지속가능경영 비전을 선포하여 기업 활동 전반에 환경·사회 친화적 활동을 적용 및 개선해 왔다. 이와 같은 성과는 매년 발간하는 지속가능성보고서를 통해 이해관계자와 소통하고 있다.

아모레퍼시픽그룹, ABC Spirit 선포

아모레퍼시픽그룹이 변화의 시기를 맞이하며 전 세계 임직원들이 함께 실천할 새 행동 원칙 'ABC Spirit'을 선포하고 공유하는 뜻깊은 시간을 가졌다.

2020년 6월 1일 오전 아모레퍼시픽 본사에서 진행한 'ABC Spirit' 선포식에서 서경배 회장은 먼저 온라인(유튜브) 생중계로 행사에 참가한 해외 법인과 국내외 임직원들에게 안부 인사를 전했다. "무엇보다 구성원의 건강과 안전을 최우선으로 하면서 변화의 시기를 함께 이겨나가기 위해 최선을 다하겠다. 오랫동안 함께 고민해온 다섯 가지 행동 원칙은 우리가 어디에서 무엇을 하고, 누구와 함께 있던, 아모레퍼시픽그룹의 일원으로서 같은 방향으로 갈 수 있도록 지향점을 제시해 줄 것이다. 각자의 자리에서 실천을 통해 살아 움직이는 행동이 되자"고 차분히 메시지를 전달했다.

선포식을 통해 밝힌 아모레퍼시픽그룹의 새로운 행동 원칙은 아래와 같다.

아모레퍼시픽그룹 행동 원칙 ABC Spirit

고객을 중심으로 행동한다(Customers first)
최초, 최고를 위해 끊임없이 시도한다(Be the first and the best)
열린 마음으로 협업한다(Collaborate with an open mind)
다름을 인정하고 존중한다(Respect differences)
스스로 당당하게 일한다(Act with integrity)

각각의 행동 원칙들은 임직원들이 직접 일하며 겪은 경험담을 토대로 발표했다. 고객을 직접 대면하는 현장 직원부터 연구원, 마케터, 해외법인(온라인 영상), 경영진이 무대로 올라와 진행한 스토리텔링 발표로 임직원들의 깊은 공감을 이끌어냈다.

이처럼 어렵고 중요한 변곡점에서 임직원들 모두가 함께 회사의 경영철학을 되돌아본 아모레퍼시픽그룹은 새로운 다섯 가지 행동 원칙 'ABC Spirit'을 선포하고, 새로운 도약을 준비 중이다.

아모레퍼시픽의 역사 속으로

1945–1979 아름다움을 향한 여정의 시작

1945년 광복 이후 혼란스러운 시대에도 불구하고 (주)아모레퍼시픽은 품질제일주의 원칙하에 도전정신으로 위기를 슬기롭게 극복하며 미래를 준비했다. 태평양 너머의 더 넓은 세상을 변화시키겠다는 꿈을 안고 도전을 시작했다.

1980–1990 세계 시장의 문을 두드리다

(주)아모레퍼시픽은 한국 최초로 선진 시장을 시찰하고, 수출과 기술 제휴를 이끌어 냈다. 저자극성 브랜드 'SOON'을 세계 뷰티 시장의 중심인 프랑스에 진출했으며, 미국과 프랑스 시장에서 도전과 경험이 오늘날 세계 무대에서 주목 받는 (주)아모레퍼시픽이 되는 소중한 자양분이 됐다.

1991–1997 위기의 순간에서 선택과 집중

한국 사회의 사업 다각화 움직임 속에서 (주)아모레퍼시픽은 25개의 계열사를 거느린 대기업으로 성장했다. 하지만 1990년대 시작된 글로벌 경쟁 체제 속에서 복잡한 사업 구조와 노사간의 갈등, 계열사들의 적자로 위기가 찾아왔다. (주)아모레퍼시픽은 사업 구조를 재평가하며 '우리의 존재 이유, 가장 잘 할 수 있는 일'에 대해 고민했고, 화장품으로 결론을 내렸다. 뷰티 외 계열사 매

각 등 구조조정의 아픔이 있었지만, 무한책임주의를 선언하고 새로운 브랜드를 출시하며 재도약의 발판을 마련했다.

1998-2015 세계로 향하는 아시안 뷰티 크리에이터

(주)아모레퍼시픽은 2020년 '원대한 기업(Great Global Brand Company)'으로 도약하겠다는 비전을 선포했다. 국내외 고객에게 아시안 뷰티의 가치를 전함으로써 세상을 바꾸는 아름다움을 창조하는 '원대한 기업'으로 나아가고자 한다.

전세계에 Asian Beauty를 전하는 '원대한 기업'

아모레퍼시픽그룹은 아시아 미(美)의 정수를 세계에 전파하겠다는 기업 소명의 실현을 위해 정진해 왔다. 1945년 창립 이래, 아시아의 진정한 아름다움과 가치를 찾아내어 세상과 소통하기 위한 활동을 꾸준히 펼쳐 왔으며, 아모레퍼시픽만이 창조할 수 있는 아름다움은 '아시안 뷰티'에 있음을 깨닫고 이를 창출하고 계승해 나가고자 노력하였다.

더불어 이를 전 세계 고객에게 전하고 공감대를 형성하는 데에도 노력을 기울여 왔다. 1964년 국내산 화장품으로는 최초('오스카' 브랜드)로 해외 수출을 달성한 후 '미'를 공용어로 전 세계 고객과 소통하기 위해 끊임없이 노력해 온 아모레퍼시픽은, 1990년

대 초부터 글로벌 브랜드 전략을 추구하며 중국과 프랑스에 공장을 설립, 현지 생산 기반을 마련했으며 이를 기반으로 2000년대 이후 글로벌 시장 확장 및 성장을 본격화하고 있다.

아모레퍼시픽그룹은 5대 글로벌 챔피언 브랜드인 설화수, 라네즈, 마몽드, 에뛰드, 이니스프리를 중심으로 글로벌 시장을 공략을 가속화하는 한편, 헤라, 려, 미쟝센, 아모레퍼시픽(AMOREPACIFIC) 등 넥스트(Next) 글로벌 브랜드의 사업 기반 조성하여 글로벌 성장 모멘텀을 확보해 나가고 있다. 지역적으로는 중화권, 아세안, 북미 등 3대 시장을 해외 사업 확대의 중심 축으로 육성하고 신시장을 개척하여 글로벌 시장 공략을 가속화하고 있다.

2019년 아모레퍼시픽그룹은 어려운 영업 환경 속에서도 미래 성장 기반을 쌓기 위해 해외 시장에 투자를 지속해 창립 이후 처음으로 해외 매출 2조원(2조 784억원)을 돌파하며 소기의 성과를 거뒀다. 아모레퍼시픽그룹은 2020년에도 실적 개선의 교두보를 마련하기 위해 해외 시장에서의 채널 포트폴리오를 다변화할 계획이다. 아시아 시장에서의 입점 채널을 다양하게 운영하며 브랜드 경쟁력을 강화하고, 북미시장 또한 기존 주요 브랜드의 매출 확대를 위해 신규 채널 활용을 고려하고 있다. 유럽시장에서는 멀티브랜드숍을 적극 활용해, 스킨케어 시장의 새로운 강자로 거듭나기 위한 준비 중이며, 다양한 글로벌 사업파트너들과 적극 협업하고 있다.

K-뷰티로 중국을 사로잡다

화장 인구가 1억 명이 넘어선 중국의 화장품 시장은 현재 연 10% 내외의 높은 성장세를 보이고 있으며, 아모레퍼시픽은 브랜드 인지도 강화 및 채널 다각화를 통해 중국 시장에서 견고한 성장을 이어가고 있다. 설화수와 이니스프리는 신규 매장 출점과 신규 고객 유입 증가로 매출 고성장을 이끌었으며, 라네즈는 히트상품 판매 확대와 백화점, 디지털 채널에서의 경쟁력 강화로 수익성을 개선하며 질적 성장을 달성했다. 마몽드는 유통 채널 재정비 및 매장 리뉴얼을 통해 브랜드 경쟁력을 강화하고 있으며, 아이오페, 려, 헤라 등 신규 브랜드를 선보이며 아모레퍼시픽은 중국 고객에

게 더욱 다양한 브랜드 경험을 선보임으로써 성장 동력을 강화하고 있다.

아모레퍼시픽은 1992년 중국지사를 설립하며 중국 시장에 첫 걸음을 내디뎠다. 이후, 여러 차례에 걸친 시장 조사 결과와 중국 국내 여건을 검토한 뒤 선양(瀋陽)에서 사업을 시작하기로 결정하고, 1993년 태평양보암화장품유한공사를 설립, 뒤이어 1994년 12월에 선양공장을 준공했다. 스킨케어 제품이 강점이었던 만큼, 평균 기온이 낮고 건조한 동북지역 선양에서 출발한 아모레퍼시픽의 중국 사업은 '아모레' 브랜드를 기반으로 지속적인 사업 확대에 나섰다. 중국 심장부에서의 본격적인 사업에 앞서 시장의 이해를 위한 다년간의 학습과 중국 고객의 마음을 사로잡기 위한 노력으로 사업 안정화를 이루었다.

그리고 2000년 동북아의 국제도시 상하이에 상하이 현지법인을 설립, 2002년 상하이 공장을 준공하며 본격적인 중국 비즈니스를 전개하기 시작했다. 브랜드 진출 전략에 따라, 2002년 라네즈가 프리미엄 시장에 진출했고, 2005년 마몽드, 2011년 설화수, 2012년 이니스프리, 2013년 에뛰드하우스, 2015년 아이오페와 려, 2016년 헤라, 2018년 미쟝센이 차례로 출시하며 다양한 고객층을 공략하고 있다. 아모레퍼시픽은 현재 중국에서 다양한 혁신 제품을 선보이며 매년 두 자릿수 이상의 견고한 성장을 이어가고 있다.

지난 2014년 10월에는 중국 상해 가정구 마륙진(상하이 쟈딩구 마루쩐)에 '상하이 뷰티사업장'을 신축하고, 세계적인 수준의 생산 효율성과 GMP(Good Manufacturing Practice) 시스템을 자랑하는 중국 내 업계 최고 수준의 시설과 환경 친화성을 갖춘 생산, 연구, 물류의 통합 허브를 구축했다. 아모레퍼시픽 상하이 뷰티사업장은 대지면적 92,787㎡(28,100평**축구장 12배 규모), 건축면적 41,001㎡의 규모로 연간 1만 3천톤, 본품 기준 1억 개의 생산 능력(기존 공장에 비해 생산량, 생산 개수 및 연면적 10배 확대)을 보유하고 있으며, 다품종 소량 생산에 적합한 셀(cell) 생산 방식과 중국시장의 급속한 수요에 대비하기 위한 대량 생산 방식 등을 모두 고려해 구축되었다.

상하이 뷰티사업장에서는 현재 마몽드 제품과 이니스프리와 에뛰드하우스 제품 중 중국 현지에 특화된 일부 제품을 중심으로 생산되고 있다. '절대품질'의 제품 제공을 위하여, 고객이 안심하고 제품을 신뢰할 수 있도록 GMP 프로세스에 따르고 있으며, 생산관리 시스템과 WMS(Warehouse Management System)를 통해 제품의 품질과 재고관리 수준을 향상시켰다. RO/EDI(역삼투압 및 전기탈이온화 방식을 사용한 정제수 생산 공정) 시스템 확보, 열수 시스템을 통한 미생물 오염 방지 체계 등을 구축하여 정제수의 품질 관리에도 만전을 기하고 있다.

상하이 뷰티사업장의 물류센터는 중국 전 지역 거래처에서 발생한 주문 작업 처리와 배송이 이루어질 예정이다. 특히, 기존에는 물류 배송이 7일 이상 소요되었으나, 현 물류센터는 선양과 청두에 있는 지역 물류 센터와 연계해 평균 3-4일이면 중국 전 지역 내 배송이 가능하도록 하는 등 유통 환경 변화에 긴밀하게 대처할 수 있는 체계를 구축했다.

또한, 아모레퍼시픽은 상하이 뷰티사업장 내 연구소를 중심으로 중국 시장과 고객에 대한 연구 역량을 보다 강화하고 있다. 2004년 아모레퍼시픽 R&I(Research&Innovation) 센터 설립, 2012년 상하이 연구법인 설립을 기반으로 소비자 연구 및 화장품과 보건식품 연구, 법규 및 허가, 오픈 이노베이션 업무 등을 수행해 온 상하이 연구소는 향후 중국 내 대학, 병원, 연구기관과의 공동 연구를 통해 중국 고객에 대한 피부 및 모발 연구, 중국 출시 제품들에 대한 유효성, 안전성 연구에 집중하고자 한다. 중국 내 신제품, 히트 제품 및 고객 특성과 선호도, 트렌드에 대한 조사와 정보수집도 정기적으로 진행하여 중국 고객에 대한 연구를 지속적으로 전개할 계획이다.

알리바바 그룹과 협업해 '아모레퍼시픽 X TMIC 이노베이션 플랜트' 설립

2019년 12월, 아모레퍼시픽그룹은 알리바바 그룹과 함께 '아모레퍼시픽 X TMIC 이노베이션 플랜트(Amorepacific X TMIC Innovation Plant)'를 설립했다.

이에 앞서 아모레퍼시픽그룹은 2019년 9월, 중국 항저우에서 알리바바 그룹과 업무협약(MOU)을 체결했다. 그 결과로 빅데이터에 기반한 소비자 연구와 신제품 개발 등에 긴밀하게 협력하기 위해 항저우시 알리바바 시시단지 인근에 협업 사무소인 'A2 항저우 캠프'를 열기로 합의한 바 있다.

이후 양사는 좀 더 구체화된 협업 프로세스를 만들어 왔으며, 그 첫 결과로 '아모레퍼시픽 X TMIC 이노베이션 플랜트'를 설립했다. 양사는 중국 시장에 특화된 제품의 개발, 유통, 커뮤니케이션에 이르는 전반적인 과정을 긴밀하게 협력하는 중이다.

아모레퍼시픽그룹은 티몰 이노베이션 센터를 통해 중국 소비층을 겨냥한 제품 개발과 마케팅 전략에 최적화된 데이터를 제공받고 있다. 이를 바탕으로 라네즈와 마몽드가 중국 소비자의 니즈를 반영한 티몰 전용 제품을 출시해 성과를 올리고 있다.

한편, 아모레퍼시픽그룹은 2012년 라네즈를 시작으로 지금까지 설화수와 이니스프리, 려 등 10개의 브랜드를 티몰에 입점시켜 판매하고 있다. 2019년 8월에는 럭셔리 자연주의 브랜드 프리메라가 티몰에 플래그십스토어를 오픈하며 중국 시장에 공식 진출한 바 있다.

더불어, 아모레퍼시픽은 중국에서 다양한 사회공헌활동을 꾸준히 전개하며 고객에게 사랑 받는 기업으로 거듭나고 있다. 2011년부터 '장전생명(메이크업 유어 라이프)' 캠페인을 전개하며, 여성 암 환자들에게 스스로를 아름답게 가꾸기 위한 뷰티 노하우를 전수하고 투병 중 겪는 심적 고통과 우울증을 극복, 일상에 원활히 복귀할 수 있도록 돕고 있다. 또한, 여성 건강의 의식을 높이기 위한 여성 건강 마라톤 '모리파오(Jasmine Running)'를 2016년에 개최하였으며, 참가비는 전액 중국 내 낙후 지역 여성을 위한 암 검진 및 수술 후 회복 지원 프로그램에 사용했다. 앞으로도 아모레퍼시픽은 중국에서의 사회공헌활동과 여성 건강에 대한 관심을 가지고, 글로벌 기업으로서 사회적 책임을 다하는 동시에 글로벌 고객에게 사랑 받는 기업이 되기 위해 노력하겠다는 방침이다.

아세안 시장에서 글로벌 명품 브랜드로 우뚝

아모레퍼시픽은 홍콩과 중국에서 구축한 브랜드 이미지를 기반으로 라네즈를 아시아 브랜드화 하는 데에도 박차를 가하고 있다. 라네즈는 2003년 싱가포르 중심 상권 고급 백화점에 진출하여 아세안 시장을 향한 이미지의 발신지 역할을 하고 있으며, 태국, 말레이시아, 인도네시아, 베트남 등에서도 현지 소비자들로부터 호평을 받고 있다. 특히, 디지털 마케팅 등을 통해 적극적으로 브랜드 인지도를 강화하고 히트상품 판매 확대 및 로드샵, e커머스 등 유통 채널을 다변화한 결과, 두 자리수 이상의 성장률을 보이며 아세안 시장에서 성장을 지속하고 있다.

설화수는 싱가포르, 대만, 태국, 말레이시아, 베트남, 인도네시아 등에 진출하며 아세안 지역에서 글로벌 명품 브랜드로서의 가치를 인정받고 있다. 태국의 경우, 2012년에 수도 방콕의 쇼핑메카 '칫롬(Chidlom)' 지역 최고급 백화점에 1호 매장을 선보인 후 점차 매장 수를 늘려가며 태국 고객들의 폭넓은 사랑을 받고 있다. 뷰티 트렌드에 가장 민감하게 반응하는 아시아의 대표 뷰티 강국인 태국은 최상류층인 '하이소(High-Society를 줄여 부르는 약자)'를 중심으로 유명 연예인과 뷰티 리더들 사이에 머스트 해브 뷰티 브랜

드로 자리매김하고 있다. 싱가포르에서는 2015년 7월, 역사·경제적 랜드마크 지역인 '캐피톨 싱가포르'에 100번째 글로벌 매장이자 아세안 지역 내 최초의 브랜드 플래그십 스토어를 오픈하며 해외 진출의 역사에 새로운 획을 더했으며, 럭셔리 뷰티 브랜드의 시장 규모가 크지 않은 인도네시아에서도 자카르타 지역의 주요 럭셔리 백화점에 입점하며 성장을 지속하고 있다.

헤라는 지난 2018년 5월 10일 싱가포르 타카시마야(Takashimaya) 백화점에 단독 매장을 오픈하며 싱가포르에 진출했다. 2016년 중국 진출에 이어 올해 아세안까지 영역을 확대하며 글로벌 시장 공략에 본격적으로 나선 것. 헤라는 싱가포르를 동남아시아 시장 진출의 교두보로 삼고 한국의 럭셔리 뷰티를 본격적으로 선보일 계획이다. 한류의 영향력이 큰 싱가포르는 아세안 시장 공략을 위한 중요한 거점으로 인식되고 있다. 또한 싱가포르의 도시적이고 트렌디한 분위기는 헤라가 추구하는 브랜드 방향과도 일치해 주목할 만한 시장이기도 하다.

특히 헤라는 싱가포르 여성들이 높은 습도와 온도로 인해 산뜻한 텍스처와 지속력이 우수한 제품에 대한 니즈가 높다는 점을 고려해 시장을 공략할 예정이다. 쉽게 무너지지 않는 지속력과 우수한 밀착력을 지니고 세미 매트하게 마무리되는 '블랙 쿠션', 겉은 보드랍지만 피부 속은 촉촉한 장미 꽃잎처럼 가꿔주는 '로지-사틴 크림', 부드럽게 발리면서 오래 지속되는 고발색 립스틱 '루즈 홀릭 익셉셔널'을 주력 상품으로 내세워 싱가포르 소비자들을 확보할 계획이다.

에뛰드하우스의 경우, 2007년(현지 에이전트를 통해) 첫 해외 진출 국가 태국을 시작으로 새로 진입하는 국가마다 안정적인 사업을 펼치고 있으며, 싱가포르, 말레이시아, 필리핀, 인도네시아, 베트남, 미얀마 등 아세안 주요 국가에 매장을 오픈하고 한국을 대표하는 글로벌 메이크업 브랜드로서 각광받고 있다.

2015년부터는 브랜드의 지속 성장을 위해 현지 에이전트를 통한 사업 모델을 해외 법인 직영 체제로 전환하기 시작했다. 이에 2015년 5월 태국 방콕의 최대 상권인 씨암 지역의 씨암 스퀘어 'Center point' 쇼핑몰에 직영 1호점을, 2017년 8월에는 말레이시아에서 첫 플래그십스토어인 '선웨이피라미드 1호점'을 성황리에 오픈했다. 현지화된 마케팅과 다채로운 컬러 경험을 제공하며 에뛰드하우스는 빠른 속도로 글로벌로 브랜드 파워를 키워가고 있다.

2013년 11월 싱가포르 오차드 로드에 1호점을 오픈한 이니스프리는 'Natural benefit from JEJU'이라는 브랜드 컨셉 아래 아시아 여성의 피부 고민에 맞춘 제품과 다양한 론칭 프로모션으로 싱가포르 여성들은 물론 뷰티관계자들에게 폭발적인 호응을 얻으며 오픈 약 1개월 만에 매출액 4억 7천만원을 기록한 바 있다. 이니스프리는 중국, 홍콩에 이어 싱가포르와 태국, 말레이시아까지 아시아 주요 국가에 지속적으로 매장을 오픈하며 성공적으로 글로벌 시장에 진출하고 있다. 2017년 3월에는 인도네시아 자카르타의 복합쇼핑몰 '센트럴 파크 몰(Central Park Mall)' 지하 1층에 약 143㎡(약 43평) 규모로 1호점 문을 열었고, 4월에는 스나얀 시티 몰에 2호점을 열며 인도네시아 고객의 관심을 한 몸에 받았고, 현재는 7개의 매장을 운영하고 있다.

마몽드는 태국과 말레이시아, 싱가포르 시장에 진출하여 아세안의 K-Beauty 브랜드로 빠르게 성장하고 있다. 2014년에 태국 드럭스토어에 진출한 마몽드는 브랜드력 강화를 위해, 2016년 드럭스토어에서 백화점으로 채널을 변경하였다. 이후 2016년 2월 시암 파라곤에 백화점 1호 매장을 런칭했고, 현재까지 방콕을 중심으로 4개 매장을 오픈하며 견고한 성장의 기반을 다졌다. 말레이시아는 마몽드가 태국에 이어 진출한 두 번째 아세안 국가로, 향후 아세안 시장 확대에 있어 중요한 지역으로 점쳐지고 있다. 그리고 2017년 6월, 마몽드는 싱가포르 최대 규모의 쇼핑몰인 '비보 시티(Vivo City)'에 1호점 매장을 오픈하고, 현재는 3개의 매장을 통해, 싱가포르 고객에게도 꽃의 생명력을 전파하고 있다.

2017년 11월, 싱가포르 중심 쇼핑지인 오차드 로드니안 시티(Ngee Ann City)에 꽃의 힘을 전하는 마몽드의 브랜드 컨셉과 철학을 경험할 수 있는 글로벌 최초의 플래그십 스토어 '마몽드 부티크'를 오픈한 바 있다.

아세안 시장 주요 R&D 활동

아모레퍼시픽은 글로벌 고객들의 피부에 대한 이해를 높이기 위해 해외 기관들과의 공동연구는 물론, 새로운 지역에 들어가기에 앞서, 현지 고객의 피부 연구, 성향분석의 과정을 거쳐 현지 고객의 니즈에 가장 적합한 브랜드와 제품을 출시하고 있다. 예를 들어, 고온다습한 환경에도 불구하고 사무실 등 건조한 실내환경에 촉촉한 피부를 위한 제품이 필요하고, 바쁜 일상에서도 건강한 피부를 챙기고자 하는 싱가포르 여성들의 니즈가 있다는 점을 파악해 싱가포르 진출 시 슬리핑 팩 등 라네즈 워터뱅크 라인을 가장 먼저 런칭한 바 있다.

특히 싱가포르를 아세안 지역의 R&D의 허브로 삼고 전담 연구 인력을 현지에 배치함으로써 현지 산학연구, 아세안 피부연구 등에 힘쓰고 있다. 싱가포르 국가 과학연구기관인 A*STAR (Agency for Science Technology and Research) 산하 바이오 메디컬 연구소인 IMB(Institute for Medical Biology)와 공동연구협약을 체결해 신세대 항노화 뷰티 솔루션 개발을 위한 연구를 진행한 바 있으며, NTU (Nanyang Technology University) 및 NUS (National University of Singapore)등 싱가포르 내 유수 대학 및 National Skin Center와도 공동 연구를 추진하고 있다.

아세안 e커머스 선도기업 라자다 그룹 MOU 체결

아모레퍼시픽그룹은 2019년 5월, 동남아시아 e커머스 시장을 선도하는 라자다(LAZADA) 그룹과 전략적 파트너십 강화를 위한 MOU를 체결했다. 이번 MOU를 통해 양사는 신규 브랜드 론칭, 온·오프라인 유통을 연계한 신유통 사업 발굴, 데이터를 활용한 혁신적인 마케팅 활동 등에 협력하기로 합의했다. 또 지식재산권 보호를 통해 라자다 e커머스 내 건전한 유통 질서를 확립해나가기로 했다.

이를 계기로 아모레퍼시픽그룹은 라자다 그룹의 광범위한 e커머스 네트워크를 활용해 동남아시아에서 디지털 사업 역량을 강화할 것으로 기대하고 있다. 또한, 아세안 고객에게 아시안 뷰티(Asian Beauty)의 가치를 담은 혁신적인 제품과 차별화된 고객 경험을 제공해 아세안 뷰티 시장에서 입지를 공고히 다질 계획이다. 아모레퍼시픽 안세홍 사장은 "이번 MOU가 아모레퍼시픽그룹과 라자다 그룹이 동남아시아 뷰티 시장에서 윈윈할 수 있는 성과를 창출할 것으로 기대한다"며, "앞으로도 아세안 고객들을 위한 유통 채널 확대와 고객 경험 혁신에 박차를 가하겠다"고 밝혔다.

인도네시아 최대 유통사 MAP과 비즈니스 파트너십

2020년 2월, 아모레퍼시픽이 인도네시아 현지 최대 유통 회사 MAP(PT Mitra Adiperkasa Tbk) 그룹과 비즈니스 파트너십(Business Partnership) 계약을 체결했다. 이번 협약을 통해 아모레퍼시픽그룹은 MAP 그룹이 운영하는 유통망에서 설화수, 라네즈, 이니스프리, 에뛰드하우스의 제품을 선보인다.

아모레퍼시픽은 글로벌 시장, 그중에서도 중국과 아세안을 포함하는 아시아-태평양 시장의 성과를 더욱 강화하기 위해 다양한 전략을 추진 중이다. 아시아-태평양 시장 중 특히 인도네시아는 현재 세계 4위의 인구 규모에 2018년 화장품 시장 규모 약 6조 4,800억 원, 2023년 약 11조 4,500억 원에 이를 것으로 예측(시장조사업체 유로모니터)되는 거대 시장이다.

MAP 그룹은 SOGO, 갤러리 라파예트, 세포라 등 글로벌 유통 채널과 스타벅스, 자라 등 글로벌 브랜드 현지 운영권을 보유한 인도네시아 대형 유통 회사로, 인도네시아 70여 개 도시에서 약 2,300여 개 매장을 운영 중이다. 이번 계약을 통해 아모레퍼시픽그룹은 설화수, 라네즈, 이니스프리, 에뛰드하우스 등 주요 글로벌 브랜드의 제품을 MAP 그룹의 로드숍, 백화점, 드러그스토어를 통해 더 많은 인도네시아 고객에게 선보일 예정이다.

성공적으로 첫 발을 내딛은 미주 시장

미국은 글로벌 트렌드의 메카이자, 전 세계 뷰티 시장에서 차지하는 비중이 큰 매우 중요한 거점이다. 아모레퍼시픽은 미국 하이엔드(High-end) 뷰티 시장의 성장 가능성에 주목하여, 아시아의 아름다움을 현대적으로 승화시킨 럭셔리 글로벌 대표 브랜드 'AMOREPACIFIC'을 필두로 미주 시장에 진출했다.

'AMOREPACIFIC'은 2003년 9월, 미국 뉴욕에 첫 발을 내딛은 이후 진정한 명품 브랜드로서의 입지를 탄탄히 굳히며 자신만의 독특한 브랜드 세계를 새로운 해외 시장에 전달해 나가고 있다.

이어 2010년 6월 설화수, 2014년 라네즈가 미국에 진출했고, 이니스프리가 2017년 9월 뉴욕 맨하튼 유니언 스퀘어 매장을 오픈했다. 2020년 1분기, 아모레퍼시픽은 북미시장에서 '라네즈 립 슬리핑 마스크 X 넷플릭스 콜라보' 세포라 전용 상품 출시 등을 바탕으로 멀티브랜드숍 및 온라인 채널에서 높은 성장을 이뤄냈다.

설화수 세포라 입점, 성과 이뤄내다

한국 대표 럭셔리 브랜드 설화수가 미국 주요 도시 세포라 매장과 세포라닷컴에 새로 입점하며 북미 시장 진출을 가속화한다. 설화수는 2010년 미국 시장에 처음 진출했으며, 아시아의 진귀한 원료에 피부 과학 기술을 접목한 뷰티 브랜드의 정체성을 바탕으로 북미 고객들에게 아름다움을 전해왔다. 또한 뉴욕을 비롯한 미국과 캐나다 주요 도시 최고급 백화점에 입점하며 럭셔리 브랜드로 자리매김해온 바 있다.

세포라(Sephora)는 미국 전역에 460여개의 매장을 보유하고 있으며, 미국의 뷰티 트렌드를 이끌고 있다고 평가받는다. 이번 미국 세포라 입점은 밀레니얼 세대를 중심으로 한 미국 럭셔리 스킨케어 시장 성장세와 웰니스 뷰티(wellness beauty, 건강한 아름다움) 트렌드 확산에 동참하기 위한 것이다. 설화수는 2020년 1월 온라인 세포라닷컴에 16개 제품을 론칭했으며, 베스트셀러로 구성된 트라이얼 키트(trial kit), 순행클렌징오일, 탄력크림 등이 조기에 품절되는 성과를 올렸다. 3월부터는 뉴욕, LA, 샌프란시스코 등 미국 주요 도시 31개 세포라 매장에도 정식 입점해 설화수 대표 제품인 윤조에센스를 중심으로 20여 종의 제품을 더 많은 미국 고객에게 선보이게 되었다.

설화수는 앞으로도 이번에 진출한 세포라를 포함해 미국 럭셔리 스킨케어 시장에서 차별화된 브랜드와 제품을 효과적으로 전달하기 위한 노력을 지속해서 이어나갈 예정이다. 윤조에센스를 비롯해 웰니스 뷰티 트렌드에 걸맞은 제품과 한국 전통 색채를 담은 다양한 구성도 함께 선보이게 된다. 이를 통해 한국 대표 럭셔리 브랜드의 이미지를 더욱 강화하고, 디지털 채널 성과도 지속해서 이어나갈 예정이다.

밀크 메이크업과 전략적 파트너십 체결

아모레퍼시픽그룹이 미국 코스메틱 브랜드 '밀크 메이크업(Milk Makeup)'과 전략적 파트너십을 체결했다. 2015년 미국 뉴욕에서 탄생한 밀크 메이크업은 동물 실험을 배제하는 '크루얼티 프리(Cruelty-Free)' 및 '100% 비건(Vegan)' 등 남다른 '클린 뷰티' 컨셉으로 급속하게 성장 중인 브랜드다. 미주와 유럽 주요국의 '세포라(Sephora)'와 영국의 '컬트 뷰티(Cult Beauty)' 등을 통해 판매되고 있다.

아모레퍼시픽그룹은 이번 파트너십을 통해 짧은 기간 동안 밀레니얼과 Z세대 소비자들의 전폭적인 지지를 얻어낸 밀크 메이크업과 마케팅, 영업 등 다양한 분야에서 협력하기로 약속했다. 또 오랜 기간의 글로벌 시장 개척 경험을 바탕으로 밀크 메이크업의 글로벌 확장을 지원할 계획이다.

새로운 시장 개척, 오세아니아 사업

글로벌 시장 분석 기관인 유로모니터에 따르면 호주의 뷰티 시장은 2016년 기준 약 7조 원에 이르며 연평균 약 5%의 안정적인 성장을 지속하고 있다. 또한, 럭셔리와 프리미엄 제품군의 비중도 약 35%에 이르고 1인당 화장품 소비액이 전 세계 톱5 안에 들 정도로 성숙한 선진 시장으로 분류되고 있다.

무엇보다 호주의 소비자들은 글로벌 뷰티 트렌드에 깊은 관심을 갖고 있는 것으로 알려져 있다. 자외선이 강한 기후 환경의 영향으로 피부 관리에 많은 시간과 노력을 투자하고 있는 것. 더불어 건강한 피부를 바탕으로 한 자연스러운 화장에 대한 선호와 함께 'K-뷰티'에 대한 인지도 및 호감도도 높은 것으로 나타났다. 아모레퍼시픽그룹은 수년 전부터 이와 같은 호주의 화장품 시장 및 소비자에 대한 분석을 진행하며 진출 여부를 타진해왔다.

 호주 시장 공략을 위한 최적화된 사업 구조를 모색해온 아모레퍼시픽그룹은 2018년 초 멜버른에 호주 법인을 설립하며 호주 시장 개척의 첫걸음을 내디뎠다. 특히 호주 화장품 전문점 '메카(Mecca)'에서 리테일 마케팅을 총괄한 바 있는 오세아니아 지역 뷰티 마케팅 전문가인 캐롤라인 던롭(Caroline Dunlop)을 첫 호주 법인장으로 선임해 호주 시장 조기 안착과 성장 발판 마련이라는 중책을 맡았다. 이후 2018년 3월에 라네즈의 호주 세포라 입점을 시작으로 6월에 이니스프리, 10월에 아모레퍼시픽(AMOREPACIFIC)을 차례로 런칭하며 발 빠르게 오세아니아 시장을 공략해나가고 있다.

창의적인 생각으로 아름다움을 창조하는 곳, 아모레퍼시픽 기술연구원

"*과학과 기술에서* 우위를 확보하여야만 세계 선두기업으로 도약할 수 있다.

창조적이고 진취적인 인재들이 모인 아모레퍼시픽 기술연구원은 첨단기술의 산실로서 인류봉사, 인간존중, 미래창조 이념을 바탕으로 세계 최고의 제품을 개발함으로써 아름답고 풍요로운 세상을 구현하는 데 크게 이바지할 것으로 확신한다"

－아모레퍼시픽 창업자 장원 서성환 선대회장

'과학과 기술에서 우위를 확보해야 세계 선두기업으로 도약할 수 있다'는 창업자의 신념은 오늘날 아모레퍼시픽을 이룬 근간이 되고 있다. 아시아 고유의 문화와 서구의 기술이 조화를 이룬 최초의 히트 브랜드 'ABC포마드'에서부터 명품 한방화장품 '설화수', 아시안 뷰티가 집약된 글로벌 럭셔리 브랜드 'AMOREPACIFIC'에 이르기까지, 아모레퍼시픽 기술연구원은 도전과 창조정신으로 아시아의 아름다움을 새롭게 창출해 왔다.

국내 최초의 연구실 개설 및 제 1연구동 '성지관' 건립

'철저히 기술과 품질로 고객에게 인정받겠다'는 신념 하에 아모레퍼시픽은 1954년 화장품업계 최초로 연구실을 개설했고, 1957년부터는 매년 연구원들을 유럽과 일본 등지로 보내 선진 기술을 습득하게 했다. 특히 1992년, 창업자의 뜻을 받들어 제 1연구동인 성지관을 완공하였고(연면적 17,200m^2), 이후 연구에 대한 아낌없는 투자를 통해 괄목할 만한 혁신을 이뤄가게 된다.

아모레퍼시픽은 1990년대 중반부터 피부과학연구소에 집중적으로 투자하였으며, 1994년에는 의약연구소를 설립하여 신약개발과 함께 새로운 건강식 문화를 창조해 오고 있다. 또한, 2001년에는 21세기 글로벌 기업으로의 도약을 위해 최첨단 시설을 갖춘 헬스연구동을 신축, 화장품의 효능과 안전성 연구에 집중하는 동시에

미용과 건강 분야의 기능성 식품을 개발하여 미와 건강을 고려한 토탈 뷰티 사업을 추진해 왔다. 2006년에는 식품연구소를 신설하여 녹차, 건강식품 등 헬스케어 분야의 연구 개발을 더욱 강화했다.

특히 창업 때부터 면면히 이어져 온 식물에 대한 깊은 이해를 바탕으로 1966년에는 'ABC 인삼크림'을 출시했다. 이를 시작으로, 인삼 중심의 한방 미용법 연구에 매진해 전통 약용식물의 피부 효능을 과학적으로 입증하고 체계화해 1997년 한방화장품 '설화수'를 선보인 바 있으며, 2006년 4월에는 경희대학교 한의학대학과 협력해 국내 최초의 한방미용연구센터를 설립하여 토털 뷰티 케어를 위한 한방 미용건강 연구개발을 진행해오고 있다.

2010년 미지움(MIZIUM) 준공, 또 한번의 비상(飛上)을 시작하다

"'공간이 생각을 지배한다'라는 모티브 아래 연구원들이 좀 더 창의적으로 연구할 수 있는 공간을 짓고 싶었습니다.

'세렌디피티(serendipity)', 즉 '뜻밖의 발견'을 콘셉트로 지어진 이 건물은 美를 창조하는 연구원들이 창의력을 가장 잘 발현할 수 있도록 중점을 두어 설계됐습니다.

나는 미지움이 혁신과 열정을 위한 공간이 되어 줄 것임을 믿습니다"

–아모레퍼시픽그룹 서경배 대표이사

2010년 준공한 제 2연구동인 '미지움(美智um, Mizium)'은 '아름다움(美)을 추구하는 지혜(智)의 장(um)'이라는 의미와 '미지(未知)의 세계를 개척한다'는 두 가지 의미를 동시에 가지고 있다. 지하 2층, 지상 3층 총 2만 6천m²(연면적) 규모로 총 500억 원이 투입되었으며, 포르투갈의 세계적인 건축가 '알바로 시자(Alvaro Siza)'가 설계를 맡아 5년 간의 설계 및 건축을 통해 글로벌 수준의 최첨단 연구공간으로 완성되었다.

미지움은 '자유로운 소통', '자연과의 융화'를 콘셉트로 한다. 먼저, 연구공간은 전면이 탁 트인 공간으로 구성되어 있으며, 중정

및 고측창을 두어 자연광의 유입을 극대화하고 빛과 공기순환이 원활히 이루어지도록 하였다. 더불어 이중외피와 고효율기기, 친환경 재료, 쾌적한 환경을 위한 필로티와 예술작품 등 자연과의 조화, 인간 친화성은 미지움의 대표적인 특징이라 할 수 있다. '미지움'은 연구원에게는 자아실현의 기회를, 고객에게는 보다 새로운 아름다움을 전할 수 있는 창의적인 연구의 장으로 기능하고 있다.

'개방적 혁신(Open Innovation)' 역량 강화

아모레퍼시픽 기술연구원은 국내외 유수의 대학 및 연구기관들과 폭넓은 연구 네트워크를 구축해 시장의 트렌드에 빠르게 대응하는 등 '개방적 혁신'(Open Innovation)을 위한 역량을 강화하고 있다.

지난 1999년부터 10년간 서울대학교 의과대학 피부과와의 공동연구를 통해 상대적으로 객관적인 연구결과가 부족했던 '한국인의 피부 특성 및 노화'에 대한 연구를 수행한 바 있으며, 이 결과들을 제품에 응용하는 등 기초 피부과학 연구 투자를 통한 원천 기술 확보에 주력해 왔다. 또한, 중국 상하이 현지법인 소속의 상해 연구소를 운영하며 북경대학교, 복단대학교, 사천대학교 병원 피부과와 공동연구를 통해 중국 여성의 피부 특징, 현지 지역 및 기후 특성을 고려한 특화 제품을 개발하는 등 글로벌 시장을 위한 연구개발협력도 확대해왔다.

또한, 아모레퍼시픽은 2011년 5월 서울 코엑스에서 개최된 제22차 세계피부과학술대회(22nd World Congress of Dermatology)에 한국 뷰티업계 대표로 후원 및 참가했다. 업계 최대의 학술행사인 해당 대회를 통해, ㈜아모레퍼시픽은 아시아의 아름다움이 깃든 새로운 미학(New Beauty)을 선보였으며, 세계 주요 지역별 거점 도시의 피부과학자들과 네트워크를 구축하여 연구개발을 진행하고 글로벌 사업 실행력을 제고하는 계기를 마련한 바 있다.

이와 같은 오랜 역사와 노력을 통해 ㈜아모레퍼시픽 기술연구원은 세계 수준의 화장품 연구개발 기술을 확보하고, 국내 화장품 연구의 명실상부한 선두 위치에 서게 되었다.

사람과 자연, 아모레퍼시픽이 공존하는 '더 아리따운 세상'

아모레퍼시픽은 1993년 환경에 대한 무한책임주의를 선언했다. 그리고 현재에 이르기까지 제품 개발을 위한 최초 발상과 연구의 단계에서부터 생산, 유통, 소비 및 폐기 단계의 각 과정에서 발생할 수 있는 환경 영향의 가능성을 찾아내고 있다. 그리고 이를 최소화하기 위한 원료의 선택, 생산과 유통의 방식을 연구해 생태, 경제적 효율성을 제고하는 활동을 펼치고 있다.

아모레퍼시픽은 지속가능경영을 위해, 3대 지향점 및 8대 약속을 중심으로 한 다양한 프로그램을 운영한다. 이를 통해 고객 삶의 질을 높이고, 균형 잡힌 사회 발전을 구현하며, 자원과 자연 생태계의 지속가능성 제고에 기여하고자 한다.

아모레퍼시픽그룹은 이해관계자 모두가 환경적, 사회적 가치를 이해하고 '지속가능한 라이프 스타일'로 전환할 수 있도록 'Less Plastic' 추진 방향을 세웠다. Less Plastic은 불필요한 플라스틱의 소비를 줄이고, 폐기하기 쉽고 재활용이 쉬운 플라스틱의 사용을 권장한다. 2022년까지 약 700톤의 플라스틱 사용량 감축을 목표로 환경에 대한 책임도 강화했다.

신체적 불편함으로 고용시장에서 소외되기 쉬운 장애인의 경제적 자립을 돕는 활동도 다양하게 지원하고 있다. 아모레퍼시픽 본사 내 마사지 센터 '라온'의 헬스 키퍼, 장애인 표준 사업장 '위드림'에서의 제품 포장 작업 및 2019년 신규 스팀 세차 서비스 '카온'에서의 일자리, 그리고 이니스프리와 함께하는 가드너, '이니네일'의 네일아티스트 등이 있다.

아모레퍼시픽그룹은 자원의 효율적 이용과 에너지 절감, 온실가스 감축 등을 통해 기후변화 해결 및 순환 경제에 기여했다. 친환경 신재생 에너지를 적극 사용하여 온실가스 저감에 앞장섰고, 2019년 신재생 에너지 발전으로 9.4% 온실가스 원단위 감축을 하며 지구환경을 위한 실천을 지속하고 있다.

또한 자원 재순환과 폐기물 절감을 위해 2016년부터 녹차 부산물 속 새로운 기능성 성분 추출에 매진한 결과, 버려지던 녹차 부산물에서 '녹차다당분말'과 '차나무잎식이섬유' 생산에 성공하여 녹색기술제품으로 변신시켰다. 녹차 추출물 건강기능식품 제조 과정에서 발생하는 원료 폐기물은 90% 이상 감소시켰고, 녹차 부산물에서 추출한 기능성 성분을 담은 바이탈뷰티 메타그린 제품은 녹색기술제품 인증(GT-19-01505)을 받는 등 건강하고 아름다운 도전을 이어갔다.

한편, 아모레퍼시픽그룹은 2009년 국내 뷰티 업계 최초로 지속가능성 보고서를 발간한 이후, 지난 12년간 해마다 보고서를 발간하고 있다.

'A MORE Beautiful World', 다양한 사회공헌 활동

아모레퍼시픽은 인류 공헌에 대한 염원을 담은 경영이념을 바탕으로 고객에게 최고 품질의 제품과 최상의 서비스를 제공하며 한국의 화장품 및 녹차 산업을 이끌어왔을 뿐만 아니라, 다양한 사회공헌 활동을 통해 고객에게 사랑과 존경을 받는 기업으로서 사회적 책임을 다하기 위해 노력하고 있다.

특히 창업자와 최고경영자가 사회공헌에 대한 지속적인 관심과 모범을 보임으로써 구성원들 또한 자율적으로 실천하는 등 아모레퍼시픽의 사회공헌은 자연스럽게 기업문화로 정착되었으며, 나아가 책임경영 실천의 밑바탕이 되고 있다.

經營理念

人類人間奉尊仕童
人間創造
未來

여성과 함께 성장해 온 아모레퍼시픽은 여성의 삶을 아름답게 하겠다는 소명으로 사회공헌 활동을 전개하고 있다. 특히 모든 여성은 자신과 가족, 사회와 인류를 위해 노력하여 풍요로운 삶을 가꾸고 있으며, 여성의 삶이 아름다울 때 세상 또한 아름다워질 수 있다고 믿는다. 이에 따라 아모레퍼시픽은 'A MORE Beautiful World'라는 비전 아래, 모든 여성이 저마다 꿈꾸는 삶을 누리며 더 아름다운 세상에서 살아갈 수 있도록 기여하고자 한다.

핑크리본 캠페인

아모레퍼시픽은 2000년 설립기금 전액을 출연하여 국내 최초 유방 건강 비영리 공익 재단인 '한국유방건강재단'을 설립하고,

2001년부터 유방 건강 의식 향상을 위한 핑크리본 캠페인을 전개해오고 있다. 유방암은 갑상선암을 제치고 한국 여성에게 가장 많이 발생하는 암(2016년 국가암등록통계)이지만, 조기 발견(0-2기)시 완치율이 무려 90%를 상회하는 예후를 보인다. 따라서 유방 건강을 위해 자기 몸에 대한 관심을 갖고 건강을 돌보는 습관 형성이 무엇보다 중요하다.

더불어 유방암은 개인의 문제일 뿐만 아니라 가족, 사회적 관심이 중요하다. 아모레퍼시픽은 더 많은 사회적 관심을 유도하고자 대중의 자발적인 참여로 함께 만들어가는 핑크리본 캠페인을 진행해오고 있다. 핑크리본 캠페인은 유방암 인식개선, 건강강좌, 검진지원, 수술치료비지원을 포괄하여 여러 방면으로 진행 중이다. 캠페인의 대표 프로그램으로는 국내 최대 핑크리본 캠페인 행사인 '핑크런'이 있다. 올해로 19년째를 맞이한 핑크런은 유방 건강에 관한 유용한 정보를 제공하고, 자가 검진을 통한 유방암 조기 발견의 중요성을 알리기 위한 취지로 개최하는 러닝 축제다. 유방건강강좌 '핑크투어'는 교육을 필요로 하는 누구나 참여할 수 있는, 찾아가는 유방 자가검진법 체험 프로그램이다.

2001년부터 국내에서 유방암 조기 발견의 중요성을 알리는데 기여해 온 핑크런은 2016년에는 중국까지 확장(아모레 모리파오;, MORI Run)하여, 유방암과 자궁경부암 의식 향상을 위한 글로벌 캠페인으로 자리매김하고 있다. 또한 국내의 핑크 투어와 유사하게 중국 내 빈곤지역 및 여성 양대암 발병률이 높은 지역의 여성을 대상으로 무료로 여성 양대암 검진을 진행하고, 무료 교육을 실시하고 있다. 중국 빈곤 지역에서 실시한 양대암 검진 교육은 가정과 사회의 경제적 부를 이뤄내고, 조기 발견으로 치료 비용의 부담을 줄이는 등의 가치를 창출했다고 평가받았다. (중국 CSR 연구기관 신타오)

메이크업 유어 라이프

2008년 시작되어 올해 13주년을 맞이한 아모레퍼시픽의 '메이크업 유어 라이프'는 항암 치료 과정에서 피부 변화, 탈모 등 급작스러운 외모 변화로 심적 고통을 겪는 암 환자들에게 스스로를 아름답게 가꾸는 다양한 노하우를 전수하는 교육 캠페인이다. 이를 통해 암 환자들이 투병 중 겪는 심적 고통과 우울증을 극복하고, 일상으로 원활하게 복귀할 수 있도록 돕는다. 특히, 메이크업 유어 라이프 캠페인에는 방문판매 경로의 '아모레 카운셀러'와 아모레퍼시픽 교육 강사가 참가하여 재능 기부를 통해 진행되고 있다.

'메이크업 유어 라이프' 캠페인은 시간이 흐르며 아모레퍼시픽의 대표적인 글로벌 CSR 캠페인으로 자리매김하고 있다. 2011년 중국, 2015년 베트남, 2017년 싱가포르, 홍콩, 대만에 이어 2018년 태국으로 캠페인을 확대해 11년간 한국을 포함한 7개 국가 및 지역에서 15,734명의 암 환자에게 희망의 메시지를 전달한 바 있다. 2019년부터는 말레이시아도 캠페인에 참여했다.

희망가게

희망가게는 여성 창업가를 꿈꾸는 한부모 여성을 도와 경제적 자립을 지원하는 '마이크로크레디트(Micro Credit)' 사업이다. 해당 사업은 아모레퍼시픽 창업자인 서성환 선대회장의 가족들이 여성과 아동 복지 지원에 힘쓴 창업자의 뜻을 기리기 위해 2003년 창업주의 유산을 기부하면서 시작됐다. 2004년 1호점 개점 이후 100호점(2011년), 200호점(2013년)을 거쳐 2019년까지 전국에 총 402개의 희망가게를 개설했다.

공모를 통해 선발되는 희망가게 창업 대상자에게는 보증금을 포함해 최대 4천만 원의 창업자금을 상환금리 연 1%로 제공한다. 상환금은 또 다른 여성 가장의 자립을 돕는 창업 지원금으로 적립되고, 상환기간은 8년이다.

맏자녀 기준 25세 이하(1996년 1월 1일 출생 이후)의 자녀를 양육하는 한부모 여성(중위소득 70% 이하, 월 소득 2인 가구 2,094,386 원, 3인 가구 2,709,403 이하 조건)이면서 구체적인 창업 계획이 있으면 누구나 지원 가능하다. 신청 시 별도의 담보, 보증을 요구하지 않으며, 신용 등급도 무관하다. 최종 창업 대상자는 업종별 전문가들의 맞춤형 컨설팅은 물론 다양한 교육 프로그램과 개인기술교육비로 최대 200만원이 제공된다. 또한 심리정서

지원·법률지원·긴급 치료비도 지원받을 수 있다.

여성의 건강과 웰빙, 경제적 역량 강화

아모레퍼시픽은 여성의 건강과 웰빙, 경제적 자립을 지원하여 여성의 삶을 아름답게 하고, 궁극적으로 성 평등에 기여하고자 한다. '여성의 삶을 아름답게 한다'는 아모레퍼시픽의 소명은 창립 이래 변하지 않았다.

– '여성 암 사망률 감소 및 여성 암 환자의 삶의 질 개선

아모레퍼시픽은 생애 주기 관점에서 유방 건강을 위한 다양한 사업을 전개하고 있다. 20~30대 여성을 대상으로 유방암 조기 검진의 중요성을 알리기 위한 인식 개선 활동을, 30~40대 여성에게는 유방암 조기 발견을 위한 자가검진 방법 및 유방 건강 교육을 진행한다. 40~50대 여성 대상으로는 검진 및 수술비를 지원하며, 50대 유방암 환자 여성이 주로 참여하는 심리 회복 지원 프로그램을 운영하여 여성이 건강하고 행복한 삶을 살아갈 수 있도록 지원하고 있다.

아모레퍼시픽은 2001년에 시작하여 올해로 20년째 이어온 '핑크리본 캠페인'을 중심으로 여성의 건강과 웰빙을 위한 사회공헌 활동을 진행하고 있다. 그리고 해당 활동을 글로벌 캠페인으로 지속 확대하기 위해 노력하고 있다. 글로벌 지역별로 발병률이 높은

여성 암을 확인하고, 그 암에 대한 인식 개선을 비롯하여 검진 및 교육을 지원하는 중이다.

뿐만 아니라 여성 암 환자의 웰빙을 위해 '메이크업 유어 라이프' 캠페인을 글로벌 캠페인으로 확산시키고 있다. 메이크업 유어 라이프는 암 치료 과정에서 피부 변화, 탈모 등 급작스러운 외모 변화로 심적 고통을 겪는 여성 암 환자들에게 스스로를 아름답게 가꾸기 위한 뷰티 노하우를 전수하는 캠페인이다. 이를 통해 환자들이 투병 중 겪는 심적 고통과 우울증을 극복하고, 일상에 원활히 복귀할 수 있도록 돕고자 한다.

– '여성의 역량 강화를 통해 경제적 자립 및 양성평등에 기여'

아모레퍼시픽은 여성의 역량 강화를 위한 전문 교육 지원 등을 통해 여성의 자립 및 성평등을 구현하기 위한 활동도 진행하고 있다. 전쟁 직후 생계를 책임져야 하는 여성 가장이 일할 수 있도록 방문 판매 제도를 도입하였는데 이러한 경영 활동이 배경이 되어 여성의 경제적 자립을 지원하는 활동을 진행하고 있다. 한부모 여성의 창업 대출을 지원하고, 창업주와 그 가족들이 자립할 수 있는 발판을 마련하기 위한 '희망가게' 사업은 한부모 여성의 사업 창업을 지원해 모자 가정이 생활안정을 이루도록 하고 있다. 또한 2008년부터는 취약계층 여성의 취업을 지원하기 위해 직업 훈련 및 교육을 진행하는 사회복지 기관을 지원하는 '뷰티풀 라이프'

사업을 운영하고 있다.

실질적인 소득을 창출할 수 있는 경제적 자립 지원 활동과 더불어 여성의 역량 강화를 위해 메이크업&헤어 아티스트를 꿈꾸는 청소년의 진로 멘토링과 메이크업&헤어 아티스트를 꿈꾸는 고등학생을 대상으로 장학금을 지원하여 향후 해당분야 전문가로 성장할 수 있도록 지원하고 있다. 아모레퍼시픽 메이크업&헤어 아티스트의 재능 기부로 프로그램이 진행된다는 점에서 해당 프로그램은 더욱 의미가 크다.

－2020년까지 20만 명 여성 지원

아모레퍼시픽은 아시안 뷰티(Asian Beauty)로 세상을 아름답고 건강하게 변화시키는 '원대한 기업'으로 도약하고자 한다. 그 일환으로 2017년, 글로벌 기업으로서의 사회적 책임을 다하기 위한 '20 by 20' 커미트먼트를 발표했다. 이는 2017년부터 2020년까지 4년간 20만 명 여성의 1)건강과 웰빙, 2)경제적 역량 강화를 지원하여 전 세계 여성의 삶을 아름답게 하는 데 기여하겠다는 약속이다.

구체적으로는 여성의 건강과 웰빙 지원을 위해 '메이크업 유어 라이프 캠페인', '핑크리본 캠페인' 등을 전개하고, 여성의 경제적 역량 강화를 위해 '희망가게', '뷰티풀 라이프', '메이크업&헤어 아티스트가 간다' 등을 바탕으로 2017년부터 2020년까지 20만

명 지원을 위해 매년 최소 70억 원, 5만 명을 지원하는 것이다.

　아모레퍼시픽은 해외 법인이 있는 글로벌 지역으로 여성의 건강과 웰빙을 위한 사회공헌 활동을 점차 확대해 가고 있다. 더불어 여성 개인에서 나아가 가족과 지역사회에도 긍정적 영향을 미치는 성과를 거둘 수 있도록 노력하는 중이다.

　한편, 2017년 8월 아모레퍼시픽은 UN의 SDGs(지속가능발전 목표) 달성을 위한 EWEC(Every Woman Every Child, UN의 여성과 아동, 청소년을 위한 글로벌 무브먼트) 무브먼트에 동참하는 기업으로 선정되었다. 앞으로도 아모레퍼시픽은 사회공헌 활동을 지속해서 확대해 나감으로써, SDGs(지속가능발전 목표) 달성을 위해 글로벌 기업 시민으로의 소임을 다하고, 세상의 아름다운 변화를 이끌어 낼 '20 by 20' 약속을 지켜나갈 방침이다.

"코스맥스의 출발은 '바름' '다름' '아름'에서 시작"
이경수 회장은 "도덕을 상징하는 이브의 사과(바름), 혁신과 과학을 의미하는
'뉴턴의 사과(다름)', '미를 상징하는 아프로디테의 사과(아름)'가 코스맥스를 세계 No.1 화장품 ODM기업으로
성장시킨 바탕이 됐다"고 강조했다.

코스맥스그룹
이경수 회장

이경수 회장은 국내 화장품 ODM업계에서
가장 먼저 해외 시장을 개척한 선구자로 평가받고 있다.
이경수 회장은 세계 No.1이라는 수식어에 만족하지 않고
새로운 미래비전을 위해 혁신과 변신에 나서고 있다.
4차 산업혁명이라는 패러다임 변화에 맞춰
디지털 트렌스포메이션에 전사적으로 매진하고 있다.

현지화로 세계화,
세계 1위 화장품 ODM 기업으로 …

디지털, 온라인 혁신 통한 4차 산업혁명 선두주자

이경수 코스맥스그룹 회장은 지난 1992년 코스맥스를 창립, 2015년 세계 1위 화장품 ODM 기업으로 이름을 올렸다. 설립 당시 이 회장은 유럽, 일본 등 화장품 선진국을 대상으로 시장조사를 한 뒤 품질과 기술력을 기반으로 하는 ODM 사업의 가능성을 보았고, 코스맥스는 끊임 없는 연구 개발을 바탕으로 글로벌 1위 기업으로 우뚝 서게 되었다.

이후 지속적으로 성장세를 이어 온 코스맥스는 지난해 그룹 매출 2조 원을 달성하며 화장품 부문에서만 매출액 1조 3306억 원

이경수 코스맥스그룹 회장

(연결기준)으로 역대 최고치를 기록했다.

  이경수 회장은 국내 화장품 ODM 업계에서 가장 먼저 해외 시장을 개척한 선구자다. 지난 2004년 업계 최초로 중국에 진출한 코스맥스는 세계 1위 화장품 기업인 로레알그룹을 비롯해 중국 온·오프라인 1위 기업과 파트너십을 맺고 글로벌 600여 社와 함께 K뷰티 전도사 역할을 톡톡히 하고 있다.

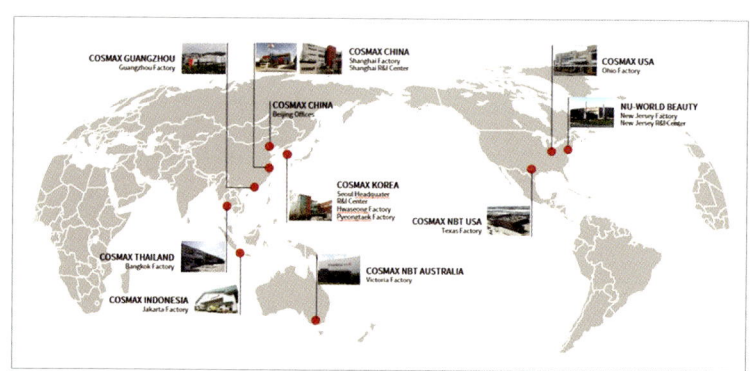

코스맥스그룹 글로벌 진출 현황

이러한 성장의 배경에는 이경수 회장이 창립 초기부터 강조해 온 수출 우선 정책과 해외 현지 진출 전략이 큰 역할을 했다.

코스맥스는 지난 2004년, 업계 최초로 중국에 진출한 이후 최대 화장품 시장인 미국과 아세안(ASEAN) 내 거점 국가인 인도네시아, 태국에 잇따라 법인을 설립하고 시장을 다변화했다.

현재 코스맥스 글로벌 생산 기지에서 생산 가능한 화장품 수량(CAPA)은 연간 20억 개로, 전세계 인구 3명 중 1명은 코스맥스의 화장품을 쓰고 있는 셈이다.

수출 지역 역시 100여개 국으로 화장품 산업의 핵심 시장인 아시아와 북미, 유럽에 걸쳐 K뷰티 세계화의 교두보 역할을 수행하고 있다.

코스맥스 생산능력(CAPA). 2020년 기준

세상을 바꾼 3개의 사과 '바름', '다름', '아름'

30여 년에 이르는 시간 동안 많은 변화 속에서도 코스맥스가 변치 않고 지켜온 가치가 '신뢰'와 '사랑'이다. 창립 초기부터 파트너와 동행하며 사랑을 전하는 기업이 되겠다는 목표를 세우고, 이를 실천하기 위해 노력해 왔다. 코스맥스의 '고객중심주의'는 '바름, 다름, 아름'의 기업 이념에도 잘 나타나 있다.

코스맥스의 기업 이념

코스맥스는 세상을 바꾼 3개의 사과를 뜻하는 '사과 세 개의 약속'으로 출발했다. 첫 번째 사과는 도덕을 상징하는 '이브의 사과'로 정직한 기업이 되겠다는 의미다. 두 번째 사과는 항상 연구하는 자세를 상징하는 '뉴턴의 사과'로 혁신하는 기업을 추구하겠다는 의지를 나타낸다. 그리고 세 번째 사과인 '아프로디테의 사과'는 아름다움과 건강을 통해 행복과 나눔을 구현하는 기업이 되겠다는 뜻을 담았다.

세계의 '美'를 책임진다 – 코스맥스 R&I센터

코스맥스의 글로벌 경쟁력의 핵심은 누구나 인정하는 독창성을 가능케 한 자체 기술개발(R&D) 능력이다. 최고 수준의 품질, 누구나 믿고 사용할 수 있는 제품을 개발하기 위해 품질 우선주의를 가장 강조해왔다.

코스맥스 연구소인 R&I센터는 연구개발을 통해 세상에 없던 혁신적인 제품을 선보이겠다는 뜻을 담은 'Research & Innovation 센터'의 약자다.

코스맥스의 R&I센터에서 주목할 점은 스킨케어와 메이크업 분야를 구분하여 운영하는 대부분 업체들과 달리 스킨케어와 메이

코스맥스 R&I 센터 –경기도 성남시 판교 소재

크업 부서를 통합해서 운영하고 있다는 점이다.

세계 No.1 상품을 개발하기 위해서는 시대의 흐름에 맞게 기술 및 정보의 융·복합이 전제되어야 함을 필요로 한다.

코스맥스는 업계에서 스킨케어와 메이크업의 융합 기술 및 제품을 개발할 수 있는 조직이라고 불린다. 이는 기술의 성격이 유사한 각각의 Lab을 합쳐 제품개발에 시너지가 발생하도록 하겠다는 것이다.

그 결과 스킨케어와 메이크업 기능이 하나로 융합된 CC크림과 선 쿠션 등의 시장을 선도하는 새로운 제품을 개발할 수 있었다.

구분	융합 탭	제품유형	세부설명
1	CB	CC크림	SC(크림) + MU(베이스메이크업) 융합.
2	SF	저자극 선크림	파운데이션 분산기술 + 선크림 융합.
3	HC	크림샴푸	클린징품 + 샴푸 기술 융합, 크리미한 보습감의 아미노산계 계면활성제 이용한 클린징품 제형기술에 탈모샴푸 융합.
4	CT	액티브스틱	기능성앰플 + 스틱 융합, 비타민, 아데노신 등 고기능성 앰플을 보습스틱과 융합하여 고기능,고보습 스틱개발
5	PP	파우더투크림	파우더 + 에센스 융합, 파우더의 형태로 도포시 크리미하게 반전되는 보습파우더.
6	CT	뿌리는 마스크팩	[페이셜미스트 + 마스크팩]
7	SF	선쿠션	선크림 + 쿠션 융합, 휴대가 간편하고 저점도 제형 안정화 기술을 이용한 제품으로 시장 확대.
8	SF	투명 선스프레이	선로션 + 미스트 융합, 투명성을 유지하는 자외선차단 제형을 미스트 분사기술에 접목한 투명 선 스프레이.
9	MB	크림마스크	고점도 크림 + 마스크시트 + 균일한 도포 충전기술, 고보습의 크림을 마스크시트에 균일하게 도포하여 효과 극대화.
10	CT	노마크쿠션	쿠션 + 픽서(미스트) 기술 융합, 픽서에 사용되는 수상필름을 쿠션에 이용하여 마스크에 묻어나지 않는 제품 개발.
11	EL	프라이머세럼	프라이머의 기능 + 세럼 융합, 다양의 펄로 광학적인 볼륨감과 글로시감을 연출해 주는 세럼.
12	MN	튜빙 마스카라	마스카라 + 수성네일 스티커형 필름포머 융합, 온도에 따른 점착성 변화를 이용한 완벽한 미온수 클린징 제품.
13	LS	프라이머 매트 립스틱	립스틱 + 프라이머 기능 융합, 프라이머의 Soft-Focus effect와 립스틱의 Matte Glide기술을 적용, 부드러운 슬라이딩감으로 입술 잔주름을 매끈하게 표현하여 매트한 컬러도 매력적인 입술로 연출 시켜 주는 립스틱.
14	CB	더모 컬러코렉터	피부톤보정의 메이크업베이스 + 더모크림 융합, 피부진정 및 손상피부 개선효과를 가지는 컬러코렉터.
15	PP	아트 모델링팩트	파우더 입체 성형기술과 몰딩성형기술을 접목한 신규 성형 파운데이션 팩트.

세계 시장에 선보인 코스맥스의 융합 제품

코스맥스는 한국, 중국, 미국, 태국, 인도네시아에 연구소를 갖추고 있다. 각 법인 연구소에서는 현지 특성에 맞게 적합한 대응은 물론 원료, 기술의 탐색/발굴 및 신제품 개발을 통한 글로벌 네트워킹을 확대해 나감으로써, 전세계 인구에게 만족할 수 있는 화장품을 제공하는 것이 코스맥스 R&I센터의 비전이다.

나아가 코스맥스는 세계 1등 ODM 기업의 위상을 확고히 하기

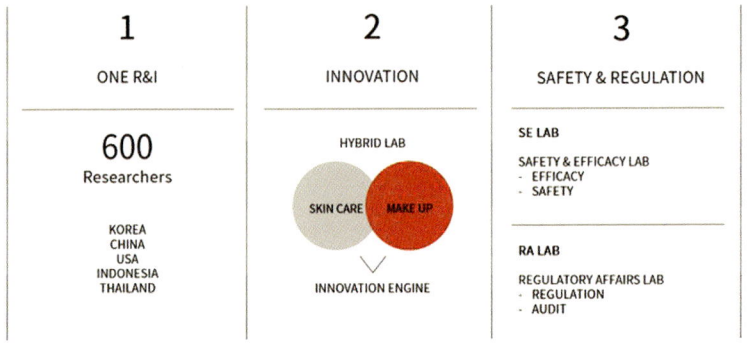

코스맥스 글로벌 R&I 센터

위해 R&D 역량을 한층 강화할 방침이다. 고유 특허는 물론 차별화된 기술적 격차를 실현하는 것을 목표로 코스맥스 R&I센터를 세계 최고 수준의 연구조직으로 성장시킨다는 계획이다.

특히, 2019년 업계 최초로 항노화 마이크로바이옴(Microbiome) 화장품을 세계 최초로 개발 하는 등 기존에 출시된 안티에이징 화장품과는 전혀 새로운 세포노화 메커니즘을 발표하기도 했다.

마이크로바이옴은 우리 몸에 서식하는 미생물 생태계다. 미생물을 빼놓고 인간의 유전자를 논할 수 없을 정도이기 때문에 '제2의 게놈'으로 불리며 화장품·바이오업계의 중요한 연구 과제로 떠올랐다.

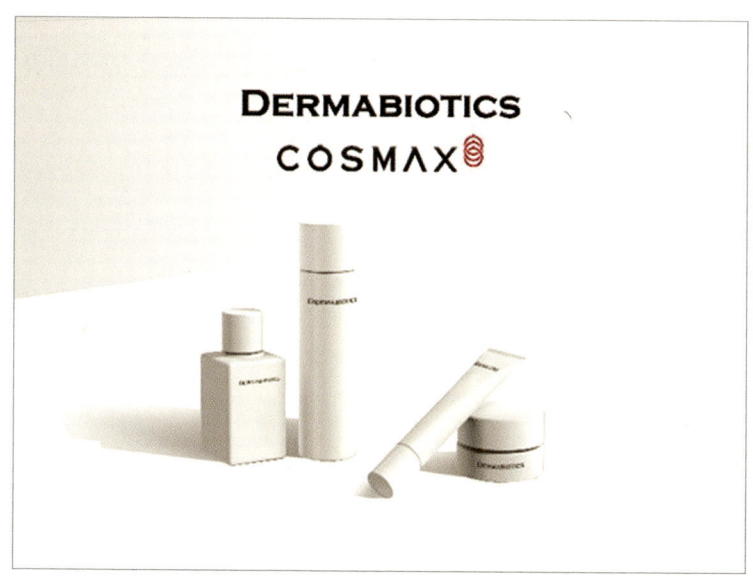

코스맥스가 세계 최초로 개발한 마이크로바이옴 화장품

이에 코스맥스는 젊은 여성의 피부에 자생하는 유익균을 활용해 노화를 인위적으로 늦출 수 있는 차세대 화장품 개발에 성공했다.

코스맥스 관계자는 "마이크로바이옴 연구 기술은 아직 해외와 기술적 격차가 크지 않은 상황"이라며 "서둘러 해당 분야에 투자해 연구한다면 세계 최초의 화장품 트렌드와 신규 안티에이징 카테고리를 만들 수 있다"고 설명했다.

시장에 제품 출시 이후 '마이크로바이옴'은 차세대 스킨케어 화장품 카테고리의 소재로 주목을 받고 있으며 혁신적인 바이오 소재로 시장에서 새로운 변화를 일으키고 있다.

이어 바이오식품, 의료 산업과 연관된 연구 완성도가 높아지면 피부 질환 치료용 소재로까지 확대되고 프로바이오틱스, 유산균 등의 건강기능식품 소재로도 활용될 것으로 보고 있다.

코스맥스 혁신의 최종 목표는 상품 리더십과 지속적인 시드(seed) 발굴을 통해 고객에게 '토탈 뷰티 솔루션'을 제공하는 것이다. 최종 목표 달성을 위해 제형, 신소재, 바이오 분야에서 핵심 연구영역을 도출하여 전략과제를 운영하고 있다.

이를 위해 코스맥스그룹은 지난해 국립 서울대학교와 차세대 화장품 기술 개발 및 공동 연구 인프라 구축을 위한 업무 협약(MOU)을 체결했다. 협약에 따라 코스맥스와 서울대학교는 지난 6월 'SNU-COSMAX 테크놀로지 이노베이션 센터(TIC)'를 설

코스맥스와 서울대 간의 산학협력 MOU

립하고 이종 산업 간의 융합 연구, 차세대 소재 기술 개발에 본격 착수했다.

이 시스템을 기반으로 이종 산업 혹은 분야 간의 융합 연구를 적극적으로 지원할 방침이며, 대내외 기술 교류와 공동 연구를 통해 효과를 극대화해 다양한 분야를 융합한 혁신 성과를 이루어 낼 것으로 기대하고 있다.

코스맥스그룹과 서울대학교는 향후 산업적 활용 가치가 높은 10여 가지의 혁신 과제를 선정하고 오는 2021년까지 제품화를 완료하는 것을 목표로 연구를 함께 진행한다. 선정된 주요 연구 프로젝트는 인체 유사 단백질 생성을 비롯해 생체 반응 고분자를 활용한 신소재 개발로 제품을 출시한다.

신규 연구 센터는 감성 분석과 빅데이터 분석을 통한 미래 시장

예측 등 4차 산업 혁명에 대응할 수 있는 기반 기술까지 확보한다는 계획을 세웠다. 이를 발판으로 연구개발 역량을 한층 강화해 코스맥스 R&I센터를 글로벌 No.1 연구조직으로 성장시킨다는 계획이다.

화장품 ODM 업계 최다 인증으로 제형 생산도 多

아울러 코스맥스는 ▲미국 FDA OTC ▲EVE 비건(Vegan) 인증 ▲할랄 인증 등 다양한 글로벌 인증을 획득, 세계 시장에서 K뷰티의 신뢰도를 높이고 있다.

코스맥스 화성 1공장

이를 활용해 유기농, 할랄, 비건 화장품 등 각 시장 특성에 맞는 제품을 선보이고 파트너와 함께 '코리안 뷰티(Korean Beauty)'의 세계 진출에 힘을 쏟고 있다.

코스맥스의 글로벌 제조 인증은 ▲CGMP(우수화장품제조 및 품질관리 기준) ▲ISO 22716(국제 화장품 GMP) ▲ISO 9001(품질경영) ▲ISO 14001(환경경영) ▲OHSAS 18001(보건안전경영) ▲ECO-CERT(유기농 화장품) ▲美 FDA OTC 등록 ▲국제 할랄 인증(MUI) ▲캐나다 보건국(Health Canada) 등으로 업계에서 가장 많은 인증을 보유 중이다.

허가명	인증기관	내용	인증 보유 법인
CGMP	KFDA	Excellent Cosmetic Manufacturing Equipment	
ISO 9001	KMR	Quality Management	
ISO 14001	KMR	Environmental Management	
OHSAS 18001	KMR	Health and Safety Management	
ECOCERT/COSMOS	ECOCERT/COSMOS	Natural/Organic Cosmetic	
COSMOS	GROUPE ECOCERT	International Cosmetics Standard Certification	
FDA OTC	U.S. FDA	OTC Product and Cosmetic	
Halal Certification	MUI	Halal Cosmetic	
Health Canada OTC	Health Canada	OTC Product and Cosmetic	
EVE VEGAN	Expertise Végane Europe	Vegan Cosmetic	
Halal Certification	CICOT	Halal Cosmetic	

코스맥스의 글로벌 인증 현황

코스맥스는 모든 글로벌 법인의 R&I센터, 영업, 생산에 걸쳐 제품 개발 역량과 서비스를 '원 코스맥스(ONE COSMAX)'로 연결하는 시스템을 구축했다.

이를 통해 원료 구매부터 재고관리까지 통합 관리 시스템(ERP)을 운영, 밸류 체인의 모든 파트너들과의 협력과 정보 공유를 강화해 글로벌 SCM 강화에 집중하고 있다.

코스맥스 글로벌 전략 키워드 '수출', '현지화'

　코스맥스의 세계화 전략은 철저한 현지화다. 진출한 국가에서 뿌리를 내리고 열매를 맺기 위해서는 한국에서 개발한 상품을 단순히 소개하는 데 그치지 않고, 현지 시장에 맞는 제품을 선보여야 한다는 것이다.

　코스맥스가 처음 진출한 상하이는 중국의 어느 도시도 가지고 있지 못한 장점을 가지고 있었다. 그것은 바로 경제 및 패션의 중심 도시, 그리고 중국인들이 가지고 있는 '메이드 인 상하이'에 대한 신뢰 때문이다.

　이는 발전된 지역 인프라와 풍부한 인력 등이 비싼 초기 투자비를 감수하더라도 상하이에 진출하게 한 이유다. 그 누구보다도 일찍 진출했던 중국 시장이 지금은 커다란 성과로 다시 돌아오고 있다.

　코스맥스 중국 법인의 성장은 중국 화장품 시장의 성장과 코스맥스가 가지고 있는 높은 인지도와 최고 수준의 기술력 그리고 한국이 가지고 있는 프리미엄이 시너지를 일으켰기 때문이다.

　또한 코스맥스가 끊임없이 개발하고 제안하는 신제품은 고객사의 발걸음을 찾게 하는 주요 요인이다. 전 세계 650여명의 연구원들이 개발한 신제품을 서로 공유하고 있다. 이런 단계를 거쳐 나온 제품은 소비자들의 만족감이 매우 높다는 것이다.

　최근에는 전자상거래가 폭발적으로 성장하고 있는 중국에서는

코스맥스차이나(위), 코스맥스광저우(아래)

온라인 마케팅에 주력, 코스맥스차이나도 지난해 관련 조직을 신설하고 신규 상담을 강화하고 있다.

이 결과 코스맥스차이나의 온라인 채널 고객 비중은 2020년 6월 기준으로 약 40%까지 확대됐다. 다양한 중국 온라인 브랜드들과 협업하고 있는 코스맥스광저우는 고객사와의 전략적 파트너십을 강화해 시너지를 낸다는 전략이다.

이러한 경쟁력 강화를 바탕으로 우리나라 브랜드의 현지 온라인 채널 진출에 적극 기여할 예정이다.

또한, 경쟁사 대비 최고 수준의 기술력을 바탕으로 미국 시장에

코스맥스USA(위), 누월드뷰티(아래)

성공적으로 안착했다. 한국 R&I센터의 지원에 힘입어 미국 내 경쟁사 대비 최고의 기술력을 보유하고 있으며 최신의 설비와 함께 고객의 브랜드를 연구하고 신제품을 개발, 제안해 미국시장에서 성공적으로 안착하고 있다.

세계 화장품 시장에서 'Made in USA' 제품은 좋은 품질로 통한다. 전 세계 고객사의 니즈(needs)에 프리미엄 이미지를 원하는 고객사는 한국, 중국, 인도네시아 등에서 동시 생산 등 맞춤 서비스가 가능해 진다.

최근 화장품 한류열풍을 타고 미국에 진출하기 시작한 한국 브랜드들에게도 'Made in USA' 서비스를 제공할 수 있다. 또한 남미시장에 진출함에 있어서도 미국 법인은 고객사의 세계시장 진출에 큰 원동력으로 작용하고 있다.

미국 ODM 회사들은 통상 연구인력이 2~30명 정도다. 전세계 650여명이 연구원을 가지고 있는 코스맥스와 제형의 다양성과 신제형 개발 측면에서 비교가 되지 않는다.

또한 현재의 '코로나19'의 상황에서 손 소독제, 핸드 워시 등 위생용품 생산을 시작하면서 제품군 다변화에도 성공했다. 코스맥스는 미국 전역에서 확고한 입지를 다져 나아가 남미 진출의 발판으로 삼겠다는 계획이다.

코스맥스인도네시아(위), 코스맥스타일랜드(아래)

아세안 시장에서는 할랄 화장품 시장에 초점을 맞춘 현지화에 집중하고 있다. 인도네시아와 태국에 법인을 두고 각 시장의 할랄 인증을 모두 획득했다.

이경수 회장은 "동남아 지역은 한류와 K뷰티 열풍이 강한 시장 중 하나로 한국 화장품 기업의 진출이 활발히 기대되는 시장"이라며 "향후에는 태국뿐만 아니라 베트남·말레이시아 등 주요 국가에서 다양한 마케팅 활동을 펼칠 계획"이라고 말했다.

아세안 최대 뷰티 시장인 태국과 최대 단일국 할랄 시장인 인도네시아 등 동남아시아 거점 시장에서의 경쟁력을 발판으로 중동 지역 등 이슬람 문화권을 적극 공략할 예정이다.

파트너와의 신뢰는 책임경영으로부터…
(Sustainability)

최근 미국과 유럽을 중심으로 화장품 품질 안전성 규제가 강화되는 추세다. 지속가능성 (Sustainability)이 중요한 이슈로 부상하면서 인체 영향뿐만 아니라 환경 오염이나 생태계 파괴를 유발할 가능성이 있는 화장품 성분까지 규제 대상이 되고 있다.

제품 성분과 원료, 사용 후기까지 꼼꼼히 검색한 뒤 제품 구매를 결정하는 체크슈머(Checksumer)가 소비문화로 정착한 점도 화장품 안전성이 주목받는 이유다.

유해 성분을 완전히 배제한 클린뷰티, 동물 실험과 동물성 원료를 뺀 비건뷰티가 글로벌 트렌드로 떠오르며 소비자의 눈 높이가 올라가고 있기 때문이다.

엄격하고 까다로운 화장품 규제는 해외 수출을 준비하는 국내 업체에는 수출 장벽으로 작용하고 있다. 금지 성분이나 최대 허용치, 기능성 화장품 분류 기준 등이 국가별로 다르고 허가·등록 절차가 복잡해 어려움을 겪는 경우가 많다.

코스맥스 R&I센터는 고객사 수출을 돕기 위해 지난 2018년부터 자체 처방 검토 프로그램을 운영하고 있다. 코스맥스는 중국, 미국, 동남아 등 다양한 국가에 진출한 경험을 바탕으로 2년간의 개발 기간 동안 다양한 글로벌 규제 데이터를 취합해 적용했다.

또한 7000개 이상의 성분에 대한 분석 자료와 코스맥스의 주요 글로벌 고객사의 안전성 기준도 포함시켰다. 방대한 데이터베이스를 통합한 덕분에 화장품 처방을 입력하기만 하면 ▲원료의 안전성 ▲주요 수출국의 화장품 관련 법규 ▲글로벌 고객사 기준 부합 여부를 한 눈에 확인할 수 있다.

코스맥스 관계자는 "자체 처방 검토 프로그램으로 처방 단계에서 미리 각 국의 규제와 안전성 검증을 확인할 수 있어 제품 개발 속도를 크게 향상시켰다"며 "클린뷰티, 비건뷰티 등 고객사가 원하는 콘셉트의 제품에도 기여할 수 있어 마케팅 측면에서도 효용성이 높다"고 설명했다.

이와 함께 코스맥스는 신규 성분의 인체 독성 및 피부 자극 가능성을 예측하는 시뮬레이션 프로그램 등을 도입해 운영하고 있다. 또 알러지 유발 가능성이 있는 성분을 걸러내는 알러젠 분석 시스템과 동물대체 시험을 시행, 주요 글로벌 고객사들의 안전성 기준까지 충족 하고 있다.

코스맥스는 지난해 기존 안전성효능 R&I를 SRE(안전성, 규정, 효능) R&I로 확대 개편하고 해외 시장의 시장 트렌드, 규제, 정책, 수출절차 등을 한 번에 지원하는 시스템을 마련했다.

고객사가 수출을 원할 경우 유관 부서와 해외 법인의 협업을 통해 맞춤 제품 개발부터 안전성 인증, 해외 생산에 이르는 논스톱 컨설팅을 진행한다.

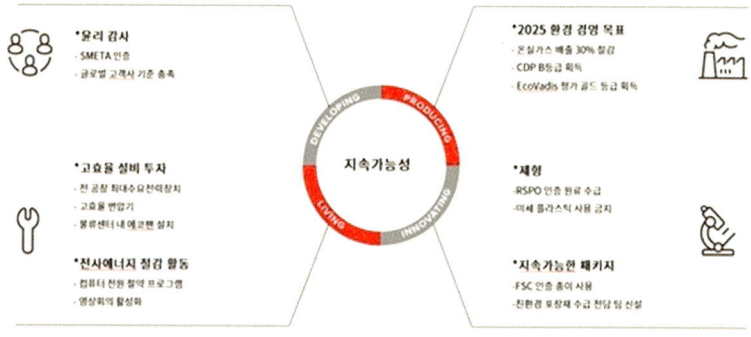

코스맥스의 글로벌 지속가능성 현황

ODM을 넘어 OBM으로 글로벌 공략한다

코스맥스는 K뷰티의 신규 비즈니스 모델로 OBM을 꼽고 이를 통해 글로벌 시장을 선제 공략해야 한다고 강조한 바 있다.

기존 ODM(Original Development Manufacturing) 방식은 고객사가 제조사에서 제품을 제공받아 자체 기획한 브랜드를 달고 판매됐다면, OBM(Original Brand Manufacturing) 방식은 제품의 연구·개발·생산에서 브랜드 기획까지 이 모든 과정을 제조사가 담당하고, 고객사는 이 브랜드를 자사의 브랜드로 제품을 판매를 하게 되는 것이다.

결국 기존에는 코스맥스의 기술력으로 제품을 제안했다면

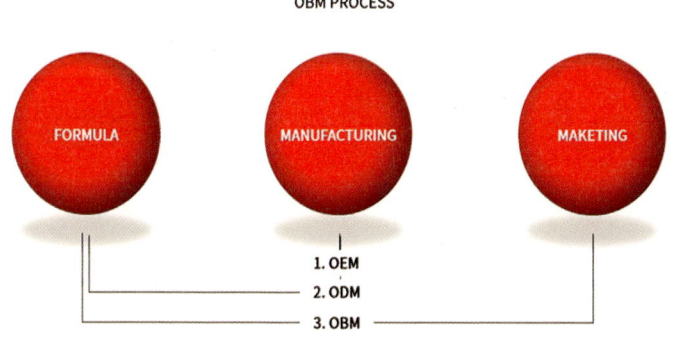

코스맥스 OBM사업 프로세스

OBM은 브랜드부터 용기 디자인, 개발·생산, 마케팅까지 맞춤형으로 제공하는 사업 모델이다.

브랜드 제안부터 제품 개발 및 생산, 마케팅까지 원 스톱 솔루션(One Stop Solution)으로 제공하는 OBM 서비스는 특히 온라인, 모바일 채널에서 효과적이라는 평가를 받고 있다.

코스맥스는 지난 2015년 중국에서 최초로 OBM 서비스를 고객사에게 선보인 이래, 지금까지 100여개 브랜드에 대한 상표등록을 마쳤고, 약 200여 품목을 개발했다.

OBM 진출 국가도 확대돼 지난해에서는 러시아에 최초로 OBM 브랜드를 선보였고, 아랍에미리트(UAE)에서도 신규 OBM으로 제품을 공급할 예정이다.

코스맥스가 러시아 고객사에 선보인 OBM 화장품

언택드 시대, "뷰티 생태계의 중심 될 것"

이경수 회장은 4차 산업혁명으로 초 연결 시대가 열리면서 글로벌 뷰티 시장이 온라인을 중심으로 재편되는 현상에 주목하고 있다. 이에 발맞춰 코스맥스는 전사적인 디지털 트랜스포메이션(Digital transformation)을 추진할 계획이다.

이는 AI를 활용해 ▲제품 개발 전 단계에 대한 빅데이터 구축 ▲신제품 개발 속도 개선 ▲클라우드 기반 자동화 시스템 도입 ▲실시간 모니터링 시스템 구축 등을 통해 스마트 팩토리를 실현하기로 했다.

아울러 코스맥스는 올 초 마케팅·R&D·생산 등 모든 분야에 걸쳐 온라인 전용 인디(Indie) 브랜드들을 지원하기 위한 올어라운드 시스템을 가동하고 있다. 온라인 고객사의 맞춤 대응을 강화하고 인디 브랜드의 마케팅·생산을 전폭적으로 지원하고 있다.

코스맥스는 이제 세계 어디서든, 어떤 유통 형태에서든 뷰티 산업의 중심이 되기 위해 중장기적으로 ▲글로벌화 ▲고객사와 상생협력 ▲기술의 초격차를 추진하고 있다. 글로벌 밸류 체인의 모든 파트너들과 협력을 강화해 상생하는 뷰티 생태계를 만드는 데 기여해야 한다는 것이다.

코스맥스그룹의 또 다른 미래 성장동력은 건강기능식품군이다. 이경수 회장은 화장품과 건강기능식품의 성장성과 의약품의 수익성을 겸비한 세계 1위 종합 '헬스 & 뷰티 ODM 기업'이 목표라는 점을 늘 강조해왔다.

코스맥스엔비티와 코스맥스바이오는 웰빙 트렌드와 면역력에 대한 관심이 높아지면서 올해 두 자릿수 이상의 매출 성장이 전망된다. 의약품 부문에서는 새롭게 출발한 코스맥스파마를 통해 시너지를 극대화할 계획이다.

결과적으로 고객사 글로벌 시장 진출의 맞춤 지원과 밸류 체인 구성원과의 협력을 통해 신뢰와 협력에 기반한 뷰티 생태계를 조성하는데 앞장선다는 것이다.

이경수 회장은 "지난 27년간 코스맥스는 '꿈은 오직 최고의 파트너'라는 목표를 가지고 고객의 만족을 위해 노력을 아끼지 않았다"며 "이제 코스맥스가 변화의 중심에 서서 모두가 동조(同調)하는 K뷰티 생태계를 만들자"고 말했다.

이처럼 코스맥스는 한국의 미(美)를 세계로 전파하는 일등공신은 물론 제품의 차별화로 업계의 선두주자로 수성하기 위한 연구를 지속하고 있다. 이미 코스맥스그룹은 국내를 넘어 K뷰티의 세계화를 위해 글로벌 기업들과 당당하게 경쟁하고 있다.

윤동한 창업주 경영철학, 우보천리 정신
한국콜마 경영철학은 '유기농 경영'을 원칙으로 한다.
유기농 경영은 인재를 중요하게 여기는 '한국콜마 정신'의 뿌리이기도 하다.
유기농 경영이란 화학 비료를 사용하지 않고 자라난 유기농 농산물 같이
임직원들이 스스로 경쟁력을 갖춰 나갈 수 있도록 적극적인 지원을 통해 그 성과가 나타나도록 하는 것을 뜻한다.

한국콜마(주)
윤동한 회장

유기농 경영을 위한 행동 강령으로 '4성 5행'을 제정했다.
4성은 '창조성·합리성·적극성·자주성'이고
5행은 '독서·근검·겸손·적선·우보(소의 걸음)'이다.
그 중에서도 5행 중 '우보' 즉 '우보천리(牛步千里)'의 정신은
윤동한 창업주의 경영철학을 압축하고 있다.
우보천리는 "소의 걸음으로 천 리를 간다"는 뜻이다.
토끼의 걸음으로 백 리를 가는 것보다 소의 걸음으로
정확하게, 제대로 가는 삶이 더 많은 가치를 담아낸다는 뜻이다.
우보천리는 천천히 가는 것과는 다르다.
진정한 우보천리는 우직하고 올곧게
목표하는 방향을 향해 제대로 가는 것을 의미한다.

'유기농 경영'의 경영철학
유기농 경영은 인재를 중요하게 여기는
'한국콜마 정신'의 뿌리

윤동한 창업주 경영철학, 우보천리 정신

한국콜마 경영철학은 '유기농 경영'을 원칙으로 한다. 유기농 경영은 인재를 중요하게 여기는 '한국콜마 정신'의 뿌리이기도 하다. 유기농 경영이란 화학 비료를 사용하지 않고 자라난 유기농 농산물 같이 임직원들이 스스로 경쟁력을 갖춰 나갈 수 있도록 적극적인 지원을 통해 그 성과가 나타나도록 하는 것을 뜻한다. 원칙과 기본에 충실하면서 환경에 맞게 개선하고 창조하는 것이다. 이는 '기업은 곧 사람이 머무는 곳'이라는 윤동한 창업주의 최우선 경영철학이 담긴 원칙이기도 하다.

　유기농 경영을 위한 행동 강령으로 '4성 5행'을 제정했다. 4성은 '창조성·합리성·적극성·자주성'이고 5행은 '독서·근검·겸손·적선·우보(소의 걸음)'이다.

　그 중에서도 5행 중 '우보' 즉 '우보천리(牛步千里)'의 정신은 윤동한 창업주의 경영철학을 압축하고 있다. 우보천리는 "소의 걸음으로 천 리를 간다"는 뜻이다. 토끼의 걸음으로 백 리를 가는 것보다 소의 걸음으로 정확하게, 제대로 가는 삶이 더 많은 가치를 담아낸다는 뜻이다. 우보천리는 천천히 가는 것과는 다르다. 진정한 우보천리는 우직하고 올곧게 목표하는 방향을 향해 제대로 가는 것을 의미한다.

K-뷰티의 위상과 신뢰를 높이다

한국콜마 창업주 윤동한 회장은 국내 화장품 업계 최초로 ODM(주문자개발생산) 비즈니스 모델을 도입하며 K뷰티의 성장을 이끌었다. ODM(Original Development Manufacturing)이란 브랜드와 마케팅만 제외한 제품 기획, 개발, 생산, 품질 관리까지 종합적인 서비스를 제공하는 방식이다. 제품 개발 및 제조 영역을 ODM사가 맡고 마케팅, 판매 영역을 브랜드사가 맡다 보니 각 영역의 전문성과 효율성이 극대화되는 것이 특징이다. 한국콜마의 ODM 비즈니스 모델의 도입은 제조와 판매까지 한 회사에서 모두 이뤄지던 이전의 국내 화장품 업계가 성장할 수 있는 변화의 물꼬를 텄다. 연구 및 제조 설비를 갖추지 않았지만 마케팅력과 판매 역량이 강한 수많은 브랜드사들이 등장하는 계기가 됐으며, 이종 업종의 사업자들까지 화장품 산업에 진출시켜 결과적으로 국내 화장품 시장을 키우는 단초가 됐다. 동시에 연구개발 제조사로서 화장품 기술개발에 적극적인 투자를 하게 됨으로써 대한민국 화장품 품질을 한 단계 업그레이드하는데 한 축을 담당했다.

한국콜마는 기초 및 색조화장품 공장을 국내 최초의 CGMP(Cosmetics Good Manufacturing Practice) 1,2호로 각각 지정 받으며 한국의 화장품 제조 시설을 글로벌 수준으로 끌어올리는 토대를 마련했다. 윤동한 회장은 화장품은 위생적이고 안전성을 담보하

는 시설에서 만들어야 한다는 점과 글로벌 시장을 준비해야 한다는 확고한 인식이 있었기 때문이다. 이에 의약품에만 적용하던 품질기준인 GMP를 화장품 업계 최초로 도입을 건의했고, 식약처가 화장품 품질기준인 CGMP제도를 만들게 됐다. 2011년 한국콜마가 CGMP 1,2호로 지정 받은 이후 현재까지 CGMP인증을 받은 국내 화장품 기업은 144개에 이른다. 낙후됐던 국내 화장품 제조시설의 수준을 끌어올리며, 후발 기업들이 글로벌 시장에서도 품질로 경쟁할 수 있는 화장품 생산시설의 새로운 표준을 제시한 것이다. 한국콜마로 시작된 CGMP인증의 도입은 국내 화장품 품질 향상과 더불어 Made in Korea 화장품에 대한 글로벌 시장에서의 위상과 신뢰를 높이는 데에도 크게 기여했다.

플랫폼기업으로 100년 콜마를 준비하다

한국콜마는 최초의 ODM기업을 뛰어넘어 글로벌 플랫폼서비스 기업으로 정체성을 확대하고 있다. 지난 30년 간 축적해 온 융합기술과 타의 추종을 불허하는 화장품 빅데이터를 중심으로, 전 세계 고객사를 한국콜마란 플랫폼에 하나로 연결시키겠다는 것이다. 그 사업의 일환으로 한국콜마는 최근 화장품 사업에 필요한 전방위 서비스를 고객의 요구사항에 맞게 제공하는 플랫폼 서비스 브랜드 '플래닛 147'를 본격적으로 가동했다. '플래닛147'은 화장품에 대한 전문 지식이나 사업 경험이 충분하지 않은 고객들도 맞춤형 솔루션을 제공받을 수 있는 플랫폼이다. 화장품 개발 과정에 대한 교육부터 내용물 제작, 패키지 개발, 브랜드 기획까지 화장품 사업에 대한 전 분야의 서비스를 받을 수 있다. 플래닛147은 내부상담자 전용으로 구축된 현재의 PDS 시스템을 2021년까지 모든 고객이 온라인을 통해 접속할 수 있는 개방형 플랫폼 형태로

전환할 계획이다. 전세계 어디에서든 플래닛147에 접속만 하면 누구나 자신만의 화장품을 기획하고 제품 주문, 브랜드 기획에 대한 컨설팅까지 받을 수 있게 한다는 것이 목표다. 언택트(비대면 접촉) 시대를 맞아 공간을 초월하는 서비스로 고객들의 편의성 향상에 크게 기여할 것으로 기대된다. 플랫폼 서비스 분야도 화장품에 이어 건강기능식품까지 확대할 계획이다.

한국콜마는 관계자는 "기술개발을 향한 창업주 윤동한 회장의 우보천리 정신 아래 우리회사는 언제나 최초였고, 크리에이터로서 새로운 길을 열며 업계의 표준을 제시해왔다."라며 "창업주의 경영철학을 계승하고, 30년간 쌓아온 융합 기술력과 빅데이터를 기반으로, 전 세계 고객사에 토털서비스를 제공하는 플랫폼기업으로서 100년 콜마를 준비해나갈 계획이다."라고 말했다.

혁신적인 시도로 만든 K-뷰티 히트제품

한국콜마는 최고의 기술력을 보유하기 위해 끊임없이 노력하고 있다. 우수한 기술력이 뒷받침 된 혁신적인 시도는 자연스럽게 히트 상품으로 연결되는 선순환 구조로 이어지고 있다. 한국콜마가 개발한 카버코리아 A.H.C의 '더 리얼 아이크림 포 페이스'는 눈가에 바르던 아이크림을 얼굴 전체에 바른다는 콘셉트에 맞춰 피부 흡수력을 개선해 누적 판매량 6,800만개를 넘는 '국민 아이크림'으로 자리 잡았다.

또 한국콜마와 콜마스크가 연구, 생산한 JM Solution의 '꿀광 로

얄 프로폴리스 마스크'도 한국을 넘어 중국 소비자들에게 큰 인기를 끌며 누적 판매량 3억개를 돌파했다. 이외에도 한국콜마가 개발한 투쿨포스쿨의 쉐딩은 자연스러운 음영으로 섬세한 윤곽과 입체감을 구현할 수 있어 누적 판매량 600만개를 돌파하며 소비자들 사이에서 꾸준한 사랑을 받고 있다. 이처럼 한국콜마는 꾸준한 연구개발을 통해 소비자들의 니즈를 충족할 수 있는 히트 제품을 계속해서 선보이고 있다.

'고소영 리프팅 팩'으로 불리며 누적 판매량 1,600만개를 기록한 '끌레드벨 리프팅 마스크'도 한국콜마가 개발한 제품이다. 피부 노화 방지에 탁월한 녹는 실 콜라겐 추출물, 7가지 펩타이드와

탄력 성분 등을 함유해 눈에 띄는 리프팅 효과로 입소문을 타면서 소비자들에게 큰 사랑을 받고 있다.

한국콜마는 자외선차단제 관련해서도 독보적인 기술력을 보유하고 있으며, 국내 자외선 차단 제품의 절반 이상을 공급하고 있다. 올해에는 수분 함유량 50%가 넘는 스틱형 자외선 차단제를 세계 최초로 개발해 화제가 되기도 했다.

한국콜마는 매년 특수 유화기술, 고지속성 SPF, 워터프루프 효과 등을 접목한 혁신적인 기술을 선보여 국내 자외선 차단제 시장에서 굳건한 입지를 자랑하고 있다. 한국콜마는 제약 부분에서 활용되는 '층간 삽입 기술'을 자외선 차단제에 도입해 기존 선제품의 발림성을 개선한 바 있으며, 자외선 차단제 관련 특허를 20여 건 넘게 보유하고 있다.

독보적인 기술력을 자랑하는 한국콜마의 자외선 차단제는 국내 다양한 화장품 브랜드사뿐 아니라 북미, 프랑스, 일본, 중국 등 해외에서도 꾸준히 사랑을 받고 있으며, 한국콜마는 자외선 차단 기능을 접목한 각종 기초 및 색조 화장품도 꾸준히 선보이고 있다.

세계 속 'ODM 토털서비스 No.1 컴퍼니'

1990년 설립된 한국콜마는 국내 화장품 업계에 새로운 비즈니스 모델인 ODM을 도입했다. 현재 전세계 업체에 상품의 기획, 개발부터 완제품의 생산, 품질관리, 출하에 이르기까지 토털 서비스를 제공하는 ODM 대표기업이다. 우수한 연구 기술력과 국제 기준에 맞춘 품질 경영을 기반으로 화장품뿐만 아니라 의약품과 건강기능식품까지 사업영역을 확대, 화장품 제형기술과 의약품 효능기술을 결합한 퓨전테크놀로지를 실현하고 있다.

한국콜마는 화장품, 제약, 건기식 분야에서 세계적인 'ODM 토털서비스 No.1 컴퍼니'라는 비전을 세우고 2012년 지주회사 체제로 전환, 한국콜마홀딩스는 투자와 자회사 관리에, 한국콜마주식회사는 제조 및 판매에 주력하고 있다. 2012년 화장품 업계 최초로 월드클래스 300기업 선정, 혁신형 제약 기업 선정 등 기술력을 인정받은 한국콜마는 고객의 아름답고 건강한 삶을 책임지는 든든한 동반자로서 도약을 계속할 것이다.

개황

창립일	1990.5.15	대표	윤상현 대표	홈페이지	www.kolmar.co.kr
서울사무소	서울특별시 서초구 내곡동 헌릉로8길 61			대표전화	02-515-0150
공 장(본사)	〈기초화장품공장(세종)〉 세종특별자치시 전의면 산단길 22-17 〈색조화장품공장(부천)〉 경기 부천시 평천로 850번길 157			대표전화	044-860-0532
종합기술원	서울특별시 서초구 내곡동 헌릉로8길 61			대표전화	02-515-0150
해외 지사	(북경콜마)-〈PTP〉102 Life Sciences Drive, Olyphant, PA, USA (무석콜마)-〈CSR〉149 Victoria Street, Barrie, Ontario, Canada				
주요제조(유통)브랜드	브랜드 없음				
직원수(명) (제약부문포함)	총	1,361	종합기술원	550	공장	807

매출액

▶최근 3개 년(2017~2019년) 매출 및 영업이익(한국콜마 전사 단순합산 기준)

	매출	영업이익
2017년	1조3710억 원	1160억 원
2018년	2조1459억 원	2066억 원
2019년	2조2344억 원	2194억 원

"대표자가 돈을 많이 가져가서도 안되고, 적자가 나더라도 투자는 해야 합니다."
"적자가 나도 회사발전을 위한 시설투자에 집중하다보니 제대로 월급을 탄 경우가 많지 않습니다. 특히, 욕심부리지 않고, 쓸데없는 투자를 하지 않았습니다."라며, "한 회사의 대표는 사적인 지출을 자제하고, 회사와 직원들을 위해 많은 투자를 해야 합니다. 그래야 회사가 발전할 수 있습니다."

서울화장품
한광석 회장

민주평통자문회의 상임위원으로 활동하며
서울시 사회복지위원장을 맡아 중, 고등학생은 물론 대학생까지
탈북 학생들에게 장학금을 지원하는 것은 물론
남대문교회 원로 장로로 교회에도 사비로 장학재단을 통하여
어려운 환경 속에서도 열심히 공부하는 학생들을 지속적으로 지원하고 있으며,
서울화장품이 위치해 있는 인천의 재능대학교에도 매년 장학금을 지급하는 등
젊은 인재들의 성장에 아낌없는 기부를 진행하고 있다.
한광석 회장은 "내가 돈이 많고 여유가 있어서 나눔을 실천하는 것이 아니라
내가 부족하고 어려운 상황이지만 주변의 도움이 필요한 분들에게
나눔을 실천하는 것이 진정한 나눔의 매력입니다."라며
"사람은 혼자 살 수 없는 존재이기 때문에 나누며 살아야하고,
나눔에 있어 책임감을 가져야 합니다.
노블리스 오블리주는 사회 특권층뿐만 아니라
우리 모두가 실천해야 하고 실천할 수 있는 일입니다."

"아름다움의 시작, 서울화장품이
　　K뷰티를 글로벌로 이끌어갑니다."

"부지런함 · 성실함 · 정직함 서울화장품의 초석"

　한광석 회장이 화장품 업계에 입문한 것은 어려운 환경에 있던 시골에서 생계를 위해 상경하여 1960년대 초반 영락화학의 영업사원으로 입사해 제품 배달일을 시작하면서 화장품 업계와 인연을 맺었다. 한광석 회장은 본인만의 성실함으로 영업에 탁월한 능력을 발휘하면서 말단 사원으로 시작해 영업총괄 상무 직에 오르며 샐러리맨의 신화를 작성했다. 이후 영락화학이 다른 화장품 회사에 인수합병되면서 회사를 나온 한광석 회장은 1982년 경기도 남양주에 있는 제일향장을 인수해 서울향장을 설립하면서 본격적

으로 화장품 사업가로서 활동을 시작했다.

한광석 회장이 제일향장을 인수할 당시 쟁쟁한 재력을 가진 기업들도 인수전에 참여했지만, 그 누구보다 근면함과 성실함을 높이 여긴 제일향장 측에서는 한광석 회장에게 회사를 매각했다. 한광석 회장은 "제일향장을 인수할 당시 젊은 혈기와 열정만 있었을 뿐 정작 회사를 인수할 자금이 부족했습니다. 그 당시 적금을 깨고 집을 팔고도 자금이 부족해 교회의 교인들에게도 돈을 빌려 시작한 화장품 사업이었기 때문에 이를 악물고 일을 했습니다."

영업에서 만큼은 우리나라 누구에게도 지지 않을 만큼 자신감 있던 한광석 회장은 업계에서 알아주는 소문난 영업맨으로 통했다. 한광석 회장만의 성실함과 정직함을 무기로 서울향장 설립 3년만에 경기도 부천시에 본사 건물을 신축할 정도로 회사가 빠르게 성장하고 있었다.

한광석 회장은 "1980년 대에는 기초, 색조화장품 시장 못지않게 헤어, 미용시장도 엄청나게 큰 시장이었습니다. 부천에 신공장을 설립하고 헤어스프레이를 우리나라 최초로 생산에 돌입했습니다. 이 헤어스프레이가 히트를 치면서 사업이 안정적인 궤도에 오를 수 있었습니다. 특히, 알루미늄캔 사용이 흔치 않았던 시기에 승일제관에서 국산 알루미늄캔을 개발했다는 소식을 듣고 가장 먼저 찾아가 8년 동안 헤어스프레이용 알루미늄캔을 독점 공급받기로 하는 계약을 체결해 우리나라 헤어시장을 선도할 수 있었습니다."라고 설명했다.

헤어스프레이 제품의 히트 이후 서울화장품은 염색약, 펌제 등 헤어제품들을 선보이면서 우리나라 헤어제품의 트렌드를 선도하는 기업으로 자리매김했다. 이후 급속도로 성장을 지속한 서울화장품은 1993년 서울향장에서 지금의 서울화장품으로 상호를 변경하고 2020년 10월 남동공단으로 본사건물을 준공하고 이전했다. 한광석 회장은 "사업은 인사를 똑바로 하는 것부터 시작해야 합니다. 기본이 충실한데서 출발해야 하는 것입니다. 성실하고 정직하게 50여년 동안 미용계에 몸담아오면서 자신있게 말할 수 있는 한 가지도 바로 그것입니다. 특히, 부지런함과 성실함처럼 정직한 사업파트너는 없습니다. 남에게 으스대는 교만함과 오만함을 철저히 경계하고, 겸손함과 낮은 자세로 거래처를 맞이하는 것, 광고를 통해 회사를 알리지 못해도 정직하고 성실하게 한다면 좋은

결과는 반드시 따라오게 되어 있습니다."라고 확신했다.

한광석 회장은 "어떤 일을 하더라두 최우선으로 지켜야 하는 일은 신용"이라고 강조한다. 50여년간 화장품업계에 종사하면서 오늘의 서울화장품을 업계 최고의 기업으로 만들 수 있었던 것은 기업이 양적인 성장을 하기보다는 질적인 성장을 해야 한다는 경영철학과 함께 '신용'을 최우선으로 하는 경영철학을 꿋꿋이 실천해 왔기에 가능했다.

"대표자가 돈을 많이 가져가서도 안되고, 적자가 나더라도 투자를 해야 합니다"

한광석 회장의 경영철학은 창립 초기부터 확고하다. 기업을 소유한 개인의 이익을 추구하기 위함이 아니라 이익 창출을 위해 회사 구성원은 물론 지역사회에 환원을 해야 한다는 것.

한 회장은 "적자가 나면 당연히 자신의 몫인 월급을 가져간 적이 한 번도 없었습니다. 물론 적자가 나도 이같이 회사발전을 위한 시설투자에 집중하다보니 제대로 월급을 탄 경우가 많지 않습니다. 특히, 욕심부리지 않고, 쓸데없는 투자를 하지 않았습니다."라며, "한 회사의 대표는 사적인 지출을 자제하고, 회사와 직원들을 위해 많은 투자를 해야 합니다. 그래야 회사가 발전할 수 있습니다.

아들인 한정수 서울화장품 대표이사에게도 끊임 없는 투자에 대해서는 항상 강조를 하는 부문입니다."라고 강조했다.

한 회장은 흑자가 나면 생산설비와 기술개발 등에 적극적인 투자를 하는 것은 물론이고 이익금은 직원들에게도 상여금으로 항상 지급하고 있다. 사업을 하면서 회사의 이익을 전직원과 함께 공유하는 것이 쉽지않은 일이지만 투명한 경영을 통해 회사가 더욱 건강하게 성장할 수 있다고 믿는다는 한 회장의 말 속에 '진정으로 회사를 생각하는 참경영인'의 모습이 고스란히 담겨 있다.

한광석 회장의 투자는 비단 물적인 투자에서 그치는 것이 아니다. 중소기업들이 인력난에 시달리고 있는 지금 한광석 회장은 인재 개발에도 아낌없는 투자를 진행하고 있다. 한광석 회장은 "서울화장품 연구소를 기술연구원으로 업그레이드 하면서 외부인재

영입뿐 아니라 내부에서 인재들에게도 자기 발전을 이룰 수 있는 교육과 학위 취득에 지원을 아끼지 않아 좋은 결과를 얻게 되었다."라고 이야기하며 "혹자들은 투자한 인재들이 다른 회사로 이직을 하면 어떻게하냐고들 걱정은 합니다만, 우수한 인재를 키워 오랜 시간 함께 일 할 수 있도록 지원을 하는 것이 경영자와 리더의 몫이라 생각합니다. 물론 우수한 인재들이 서울화장품에서의 경험을 기반으로 또 다른 강소기업을 만들어 나간다면 당연히 박수치며 축하해야 할 일입니다."라고 소신을 전했다.

내가 어려울 때 '나눔'을 실천하는 것이 진정한 매력

시장을 선도하는 기업들은 경쟁사와는 다른 두 가지 성공 DNA를 지니고 있다. 하나는 소비자 니즈를 정확히 간파하는 것이고, 다른 하나는 사회에 대한 따뜻한 시선이다. 한광석 회장은 다방면의 사회공헌 활동으로 윤리경영을 실천하며 서울화장품의 브랜드의 가치를 높이고 있다. 지속가능한 성장이란 '나눔'에서 비롯된다고 믿기 때문이다.

'콩 한 쪽도 나눠 먹는다'는 말처럼 한광석 회장은 주말에 출근해 직원들에게 따뜻한 인사를 건네며 빵을 직접 나눠주는 것을 비롯해 장호원에서 3천여평 쌀농사를 짓고 직원들과 장학생들, 거래처 등에도 매년 수확하는 햅쌀을 선물로 나누고 있다.

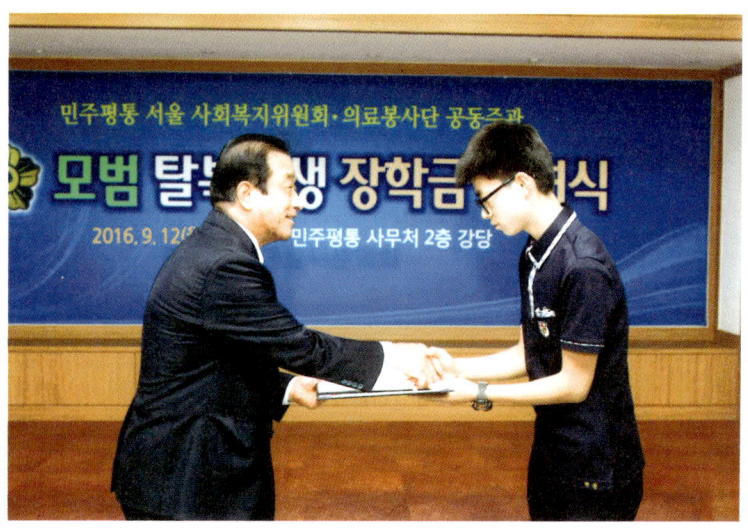

　민주평통자문회의 상임위원으로 활동하며 서울시 사회복지위원장을 맡아 중,고등학생은 물론 대학생까지 탈북 학생들에게 장학금을 지원하는 것은 물론 남대문교회 원로 장로로 교회에도 사비로 장학재단을 통해 어려운 환경 속에서도 열심히 공부하는 학생들을 지속적으로 지원하고 있으며, 서울화장품이 위치해 있는 인천의 재능대학교에도 매년 장학금을 지급하는 등 젊은 인재들의 성장에 아낌없는 기부를 진행하고 있다.

　한광석 회장은 "서울화장품이 중견기업으로 성장을 해가고 있을 때, 제가 졸업을 했던 문경읍 생달초등학교 교장 선생님으로부터 연락을 받았습니다. 교장 선생님께서는 생달 초등학교 학생들에게 서울 여행을 시켜주고 싶으니 지원을 해 줄 수 있냐는 문의를 하셨습니다."라며 "교장 선생님의 부탁에 일말의 망설임없이 모든

지원을 하겠다고 약속을 드리고, 생달초등학교의 전교생 어린 동문들과 교직원분들을 서울로 초청했습니다."라고 설명했다. 이어 한 회장은 "4박 5일 동안 서울의 명소를 둘러볼 수 있도록 일정을 준비해 뜻 깊은 시간을 함께 했습니다. 당시 회사 경영 상황이 넉넉한 편은 아니었지만 어린 학생들에게 잊지 못할 추억을 만들어 줬다는 점에 많은 보람을 느꼈습니다. 그 때 서울을 방문했던 학생들은 성인되서도 잊지 못할 추억을 만들어 준 것에 대한 감사의 편지를 보내오고 했습니다. 그런 편지들을 받을 때마다 내가 조금은 어렵고 힘들어도 학생들에게 좋은 추억을 만들어준 것을 생각하면 '내가 정말 잘 했구나' 하는 생각이 듭니다."라고 말했다.

한광석 회장은 "내가 돈이 많고 여유가 있어서 나눔을 실천하는 것이 아니라 내가 부족하고 어려운 상황이지만 주변의 도움이 필요한 분들에게 나눔을 실천하는 것이 진정한 나눔의 매력입니다." 라며 "사람은 혼자 살 수 없는 존재이기 때문에 나누며 살아야하고, 나눔에 있어 책임감을 가져야 합니다. 노블리스 오블리주는 사회 특권층뿐만 아니라 우리 모두가 실천해야 하고 실천할 수 있는 일입니다."

서울화장품의 제 1공장과 제 2공장의 출입문 입구에는 "주의 은혜로 종의 집이 영원히 복을 받게 하옵소서"(사무엘하 7장 29절) 라는 문구가 새겨져 있다. 이 문구는 독실한 크리스천인 한광석 회장이 항상 마음 속에 기억하는 성경 구절이다. 성경 구절은 나만이 아니라 서울화장품을 이루고 있는 모든 임직원과 구성원들 서울화장품 관계사들 모두가 함께 잘 살아갈 수 있게 노력하자는 한광석 회장의 마음이 묻어 있다.

이처럼 내가 아닌 우리를 생각하는 한광석 회장의 삶은 2019년 국민 훈장 목련장 수훈으로 빛을 발했다. 한광석 회장은 국민훈장

목련장 수훈으로 민주평통 의료봉사 활동, 미래인재 육성을 위한 장학사업, 탈북민 멘토링 사업과 더불어 사업가로 청년 일자리 및 탈북자들의 자립을 위한 일자리 마련과 기업

경영을 통한 국가와 지역경제 발전에 공헌한 점을 인정받았다.

"신뢰경영 · 가치창출 · 혁신성장" … 건강한 기업 서울화장품

 우리나라를 대표하는 도시 '서울', 우리나라를 대표하는 화장품을 만들겠다는 의미로 '서울화장품'이란 사명을 만든 한광석 회장. 부지런함 · 성실함 · 정직함으로 서울화장품을 강소기업의 반열에 올린 한광석 회장의 마지막 목표는 건강한 기업 '서울화장품'이다.

    한광석 회장은 "신뢰경영·가치창출·혁신성장이 서울화장품의 기업 모토입니다. 정신과 육체가 허락하는 날까지 회사에 도움을 주고 서울화장품이 건강한 기업으로 성장해 갈 수 있도록 노력할 방침입니다."라며 "경상도 말로 '싹수가 있어야 한다'는 말이 있습니다. '미래가 있어야 한다'는 말입니다. 사람과 기업도 마찬가지입니다. 주변 환경과 생각의 크기에 따라 자신이 발휘할 수 있는 꿈과 미래에 대한 설계의 크기가 달라질 수 있습니다. 서울화장품이 건전하고 건강하며 사회와 함께 성장해 100년 장수기업으로 나아갈 수 있는 환경을 만드는데 마지막 열정을 불태울 것입니다."라고 다짐했다.

서울화장품

(주)서울화장품은 1982년 설립된 후 차별화된 연구개발과 철저한 품질관리로 고객과 함께 성장하는 화장품 연구개발 및 제조생산 전문 기업이다. 수년간 축적된 연구개발 기술 노하우를 바탕으로 고객의 니즈를 만족시키는 고품질의 제품을 제공하고 있으며, CGMP, ISO 9001, ISO 14001, ISO22716 등 각종 인증을 획득하여 글로벌 시장에서도 인정하는 생산·품질관리 시스템을 갖추었다.

경영이념

회사 비전

'창의적이고 경쟁력 있는 글로벌 선도 화장품 제조기업'

고객과의 동반성장을 최우선 가치로 연구개발과 생산·품질관리 시스템을 통해 제품의 품질 및 서비스를 개선하며, 다양한 마케팅으로 고객가치를 향상시키고 끊임없는 기업혁신으로 지속적인 성장을 추진해 나갈 예정이다.

- Creative: 창의적이고 역동적인 기업
- Competitive: 최고의 경쟁력을 갖춘 기업
- Cosmetics Leader: 글로벌 선도 화장품 제조기업

R&D센터

독자적인 기술력과 혁신적인 아이디어, 머리부터 발끝까지 모든 제형을 개발할 수 있는 연구센터이다. 무한한 성장가능성을 가진 서울화장품의 핵심 R&D센터는 2004년 5월 기업부설연구소로 인가를 받고 국내뿐 아니라 세계 최고의 제품을 개발하기 위해 2009년부터 헤어케어 연구소, 스킨케어 연구소로 운영하고 있다. 혁신적인 아이디어를 바탕으로 한 특허 제형과 나노테크놀러지 등의 독자적인 기술을 접목하여 소비자들에게 만족을 줄 수 있는 제품 개발에 힘쓰고 있다. 정부과제 수행으로 얻어진 핵심역량을 바탕으로 서울화장품만의 기술력 있고 효능이 검증된 제형을 끊임없이 개발하고 있으며, 제품의 안정성확보를 위한 온도별 가혹 테스트, 방부력 시험(Challenge Test)을 통하여 안전한 화장품을 개발하고 있다.

글로벌 트렌드에 맞춰 그린 코스메틱 개발을 위한 비건인증, 비

동물실험 성분을 우선적으로 적용하고 EU Regulation, FDA Regulation 에 적합한 제형 개발을 진행하고 있다. 해외기술연수와 정기적인 국·내외 시장조사로 세계의 다양한 소비자 요구에 발맞추기 위하여 모든 노력을 기울이고 있다.

R&D 부문

△스킨케어 연구소

트렌드에 맞춰 기본에 혁신을 더한 스킨케어 연구개발의 선두주자, 스킨케어 연구소는 페이셜 케어, 바디 케어 다양한 기능성 화장품 등 개발을 담당하고 있다.

• 기초연구분야 – 스킨케어 제품개발 / 효능효과 측정법 연구 / 특수한 신제형 제제 연구 / 기능성 화장품 연구 / 아토피, 아크네 제품 제형 연구 / 선케어 제품 개발 / 페이셜클렌징 제품 개발 / 베이비 케어 제품 개발 / 다양한 Body Care 제품 개발

• 유화메이크업 분야 – 비비크림, 파운데이션등 제품 개발

• 특수제형 연구분야 – 신소재 유효성 연구 / 다중 유화 및 비고시 기능성 / 화장품 개발 특허 및 논문 수록 지원

• 에어졸 제품 분야 – 질소타입 페이셜미스트, 후발포 쉐이빙 젤, 쉐이빙 폼 제품 개발 / 에어졸 마스크, 팩, 클렌징 제품 개발 신발냄새제거제등 공산품 제품 개발

• 의약외품연구 분야 – 손소독제 개발 / 구강청결제 개발 / 데오

드란트 개발

△헤어케어 연구소

국내 혁신 제품 개발에 앞장서 온 헤어제품 개발의 선두주자, 헤어케어 연구소는 헤어제품, 의약외품, 동물용 제품 등 개발 담당하고 있다.

• 두발연구 – 다양한 헤어케어 제품 개발 / 극손상모용 퍼머넌트 제품 개발 / 모발케어용 헤어케어 제품 개발 / 두피케어용 헤어케어 제품 개발 / 모발의 구조와 기능에 대한 연구 / 기초 연구

• 의약외품연구 분야 – 다양한 제형의 염모제 / 염색시간 단축 염모제 / 저퇴색 염모제 개발 / 저자극 염모제 개발 / 극손상모용 염모제 개발 / 버블 폼 염모제 개발 / 버블 에어로졸 염모제 개발 / 샴푸형 염모제 개발 탈모방지 및 양모 개발 : 샴푸, 트리트먼트, 토닉 등 손소독제 개발 / 구강청결제 개발

• 동물의약외품 분야 – 다양한 동물용 제품 개발

△연구성과

• 정부지원 연구과제 수행 실적

2019.12 ~ 2020.12 Lauroyl Methylglucamide Laurate 개발 및 사업화

2017.04 ~ 2019.11 대한민국 자생 천연 식물추출물 이용한 글

로벌 헤어케어 제품개발

2015.07 ~ 2017.07 미생물학적 오믹스 기법을 적용한 고기능성 안티에이징 화장품 소재 및 제품 개발

2013.06 ~ 2015.05 산가요록 전통발효물의 Microbial Metabolomics를 이용한기능성 화장품소재 개발

2012.06 ~ 2013.01 폼 타입 이용한 염모제 개발

2011.10 ~ 2013.09 옥수수 지상부 유래의 미백 기능성 화장품 소재 및 화장품 개발

2008.08 ~ 2010.07 Silicone Polymer Complex를 이용한 Hair Protecting 기능을 가진 Hair Color Product 개발

2007.07 ~ 2008.06 저비점액체 및 고비점 기체를 함유한 화장품용 포말제제 개발

2006.08 ~ 2007.07 천연염료 및 매염제를 이용한 두피보호용 염색제 개발

△논문 실적

2017 A Study of the Whitening Activities of Magnolia obovata Bark Ethyl Acetate Fractions as Cosmetic Ingredient · Journal of Society of cosmetic scientists of Korea, 2017

2015 락토바실러스에 의한 글루타메이트 발효로 얻어진 아미노부틸릭애씨드 영향성 연구 – Food biotechnolohy, 2015

2014 The Study for 1,3-dicaffeoyliquinic acid Stability using Adaptable Vesicle · IFCC, 2014

2014 The Study for Retinol stability using chitosan-alginate matrices · IFCC, 2014

2014 황목련(Magnolia obovata) 꽃으로부터 neolignan 화합물의 분리 및 구조동정 · 생명자연과학연구논문집, 2014

2014 황목련(Magnolia obovata) 꽃으로부터 페닐프로파노이드 화합물의 분리 · 생명자연과학연구논문집, 2014

2014 Flavonoids from Machilus japonica Stems and Their Inhibitory Effects on LDL Oxidation − INTERNATIONAL JOURNAL OF MOLECULAR SCIENCES, 2014

△특허 출원 현황

10-2014-0117096 두피 보호용 산화형 염모제 조성물

10-0780180 탈모 방지 및 모발 생장 촉진용 한방 조성물 및 그 제조방법

10-2007-0074692 저자극성 목욕용 오일 세정제 조성물

10-2015-0011887 스폰지 폼에 함침시켜 제조하는 자외선 차단용 화장품

10-2014-0115589 듀얼 모드 액체 분사 용기의 구조

10-1817776 락토바실러스 펜토서스-GFC LP 균주를 이용한 비수리 발효 추출물 및 이외 제조방법

10-1966185 보습 활성을 갖는 피부 세정제 조성물

10-1856480 미세조류 추출물을 함유하는 자외선으로 인한 피부 손상 방지용 및 두피 자극 완화용 화장료 조성물

10-2017-0094686 화장품 용기

■ 생산부문

1.시설

구분	내용
1공장	대지: 2,000평, 건평: 3,500평
2공장	대지: 1,200평, 건평: 3,500평
3공장	대지: 560평, 건평: 1,000평

2.생산 CAPA

구분		내용
제조	1공장	제조기기 19대, 제조량 6,000톤/연
	2공장	제조기기 7개, 제조량 1,500톤/연
포장	1공장	생산량 17백만개/연
	2공장	생산량 13백만개/연

연혁

1982 ~ 1999

1982년 서울향장 설립, 국내 최초 헤어스프레이 런칭을 시작으로 미용전문 브랜드 뚜라비 런칭과 의약외품 제조업 허가 획득 등 꾸준히 성장해오고 있다.

- 1982 04   서울향장 설립 (現 회장 한광석)
- 1983 04   국내 최초 에어졸 '미모나라라' 헤어스프레이 런칭

- 1984 12   본사 건물 신축이전 (경기도 부천시 삼정동 217-5)
- 1993 03   서울화장품으로 상호 변경
- 1996 01   의약외품 제조업 허가 획득
- 1999 04   미용실 전문 브랜드 '뚜라비' 런칭

2001 ~ 2004

대지 2000평, 건물 3500평 규모의 인천공장 준공 및 이전, 서울화장품 법인 전환과 기술연구소를 설립했다.

- 2001 03   인천시 남동구 고잔동(남동공단) 2000평 부지 매입
- 2002 03   지방국세청장 서울화장품 모범납세자 표창 수상

- 2002 10   서울화장품 인천공장(인천광역시 남동구 고잔동 718-8)

    준공 및 이전, 대지 2000평, 건물 3500평 규모

- 2003 06   서울화장품 법인 전환 (대표이사 한광석)
- 2004 05   기술 연구소 설립

2006 ~ 2009

유망 중소기업 선정으로 벤처기업 인증을 받고 한방 조성물 및 제조법 특허 획득과 ISO 인증 획득으로 기술혁신형 중소기업으로

성장.

- 2006 02   ISO9001 : 2000 인증서 획득

    KSA 9001 : 2001(DAS KOREA 국제인증원)
- 2006 03   유망중소기업 선정(신한은행)
- 2006 06   수출유망중소기업 선정(인천중소기업 수출지원센터)
- 2006 06   벤처기업증서 획득
- 2007 05   INNO-BIZ획득, 기술혁신형 중소기업
- 2007 11   '탈모방지 및 모발 생장 촉진용 한방 조성물 및 제조법'

    공통 특허 획득(특허청)
- 2008 08   CGMP 적격업소 인증 (대한화장품협회)
- 2008 11   100만불 수출탑 수상
- 2009 01   ISO9001 : 2000 / KSA9001 : 2007 (MSA인증원)
- 2009 01   ISO14001 : 2004 / 14001 : 2004 (MSA인증원)

2010 ~ 2014

500만불 수출탑 수상, ISO 인증서 획득 등 수년간 축적된 연구개발 기술 노하우로 글로벌 화장품 제조기업으로 도약

- 2010 05   기술혁신형 중소기업 (INNO-BIZ) 확인서 (중소기업청)
- 2010 11   300만불 수출탑 수상
- 2011 05   품목별 원산지수출인증자 인증 획득(한-아세안) :

    토너(인천세관)

- 2011 06   품목별 원산지수출인증자 인증 획득(한-EU) :

  바디클렌져(인천세관)
- 2011 11   비전기업 인증 (인천광역시)
- 2012 07   업체별 원산지인증수출자 인증(인천세관)
- 2012 12   행복한 중소기업 일자리 기업 선정 (중소기업진흥공단)
- 2013 02   ISO 9001 : 2008 품질경영시스템인증 (ICR 국제인증원)
- 2013 02   ISO 14001 : 2004 품질경영시스템인증 (ICR 국제인증원)
- 2013 03   ISO 22716 : 2007 인증서 획득 (SGS)
- 2013 04   기술혁신형 중소기업 (INNO-BIZ) 확인서 (중소기업청)
- 2013 07   CGMP 우수화장품 제조 및 품질관리기준 적합업소 판정

  (식약처)
- 2014 03   산업통상자원부장관 표창
- 2014 12   500만불 수출탑 수상
- 2014 12   인천 무역유공기업 선정
- 2014 12   인천 중소기업인상 대상 수상

2015 ~ 2020

　제 2공장 증설로 생산·품질관리 시스템을 갖추었으며, 글로벌 뷰티시장의 리더로 성장하는 서울화장품

- 2015 01   보건복지부장관 표창
- 2016 06   서울화장품 제 2공장 기공식

- 2017 10   서울화장품 제 2공장 준공식

                (지하 1층 지상 5층 연면적 3,500평)

- 2017 11   2017년 중견성장사다리기업 우수기업 수상
- 2019 03   각자대표 한정수 취임
- 2019 12   서울화장품 한광석 대표, '국민훈장' 목련장 수훈
- 2020   제 3공장 대지 560평, 건평 1000평 신축

'화장품(Cosmetic)의 메카(Mecca)' 의미의 '코스메카'

조임래 회장은 창업 초기부터 코스메카를 한국을 넘어 코스메카차이나, 코스메카USA 등의 글로벌 기업으로 성장시키겠다는 목표를 가지고 있었다.

그래서, '화장품(Cosmetic)의 메카(Mecca)'가 되겠다는 의미의 '코스메카'에 코리아를 붙여, 언젠가는 진출 국가를 다변화시키겠다는 포부를 담았다.

(주)코스메카코리아
조임래 회장

1978년 (주)피어리스 화장품에 입사하며
스물아홉 살의 나이로 화장품 업계와 인연을 맺은 조임래 회장은
40여년이 넘는 시간 동안 묵묵히 국내 화장품 경쟁력 제고를 위해 힘써 왔다.
첫 직장에서 기초연구실장을 역임한 조임래 회장은
12년간 근무하며 쌓은 업적과 경력을 바탕으로
오현두루라와 한국콜마 초대연구소장 등을 거쳐
1993년 태웅화장품의 상무이사로 직무하게 된다.
그러나, 국내에 불어 닥친 IMF의 여파로 경영난을 이기지 못한 태웅화장품은
더 이상 존속할 수 없게 된다.
수많은 직원들이 하루아침에 실직자가 되어 거리로 나앉게 된 상황에서
조임래 회장은 '내 손으로 뽑은 직원들을 이렇게 내보낼 수는 없다'고 생각했다.
그 책임감과 절박함이 지금의 코스메카코리아가 존재하게 된 이유가 됐다.
조임래 회장은 리더십을 발휘해 직원들과 힘을 합쳐 코스메카코리아를 설립하고,
100년의 미래를 보장받는 기업을 만들기 위해 정도(正道) 경영에 힘썼다.

시작부터 목표는 글로벌이었다

2000년도에 창립된 코스메카코리아는 올해 20주년을 맞았다. 조임래 회장은 창업 초기부터 코스메카를 한국을 넘어 코스메카차이나, 코스메카USA 등의 글로벌 기업으로 성장시키겠다는 목표를 가지고 있었다. 그래서, '화장품(Cosmetic)의 메카(Mecca)'가 되겠다는 의미의 '코스메카'에 코리아를 붙여, 언젠가는 진출 국가를 다변화시키겠다는 포부를 담았다.

20년이 지난 현재, 조임래 회장의 목표는 눈 앞에 펼쳐진 현실이 되었다. 코스메카코리아는 글로벌 화장품 연구개발 및 제조생산 전문기업으로 성장했으며, 우수한 연구개발 역량과 철저한 품질 관리 능력을 바탕으로 전세계 화장품 시장에서 새로운 활약상을

그려내고 있다.

2014년 코스메카쑤저우를 설립하며 중국에 진출한 이래, 3개의 중국 법인(코스메카쑤저우코스메카포산, 코스메카차이나)을 보유하고 있는 코스메카코리아는 2018년 6월, 미국 잉글우드랩을 인수하며 미주 지역 진출을 위한 교두보까지 마련했다.

잉글우드랩은 미국 현지에서 유수의 글로벌 프리미엄 고객사들로부터 신뢰를 쌓고 있는 제조사로, 뉴욕과의 높은 접근성을 바탕으로 현지 고객사들의 요구를 충족시키는 다수의 히트상품을 제공하고 있다.

특히, 잉글우드랩이 공급하는 제품의 상당수는 OTC(일반의약

코스메카차이나 핑후 공장 전경

품) 제품으로, 잉글우드랩은 OTC 제품의 연구개발 및 제조생산 분야에서 최고의 전문성을 보유한 업계의 리더이다.

조임래 회장은 잉글우드랩을 인수한 직후부터 글로벌 경영 안정화에 주력했으며, 처방과 생산 노하우를 공유하여 한국, 미국, 중국 법인간 시너지를 극대화하는 글로벌 경영을 선순환 사이클에 접어들게 했다.

글로벌 스탠다드를 기준으로 한 생산 경영 시스템

코스메카코리아에게 글로벌 시장은 미지의 세계가 아니다. 해외 시장에 진출하기 이전부터 코스메카코리아의 생산 및 품질 기준은 글로벌 스탠다드에 맞추어져 있었다. 다년간 회사가 축적한 글로벌 역량이 바탕이 되었기에, 과감하고 결단력 있는 해외 시장에 진출이 가능했다.

코스메카코리아는 설립 초기, 충북 음성에 위치한 국내 공장을 신축할 때부터 글로벌 진출을 위한 CGMP인증을 염두에 두었다. 국내 동종업계와 제약회사의 최상의 시스템만을 벤치마킹 하여 국제적인 수준의 품질관리 기준에 부합하는 ISO-GMP 제조소를 설계했다.

실시간으로 생산 정보와 물품의 흐름을 파악할 수 있는 MES(Manufacturing Execution System), POP(Point of Production System) 및 WMS(Warehouse Management System)를 구축하여 활용하고 있으며 제품의 설계, 제조, 포장, 보관 및 출하 등 모든 단계에서 국제 기준 이상의 품질을 실현하기 위해 만전을 기하고 있다.

국제표준화기구가 제정한 안전, 보건 분야 최고 수준의 국제 인증인 ISO45001(안전보건경영시스템)을 비롯하여, ISO14001(환경경영시스템)과 ISO9001(품질경영시스템), ISO22716 (우수 화장품 제조 및 품질관리 기준) 등을 획득하여 글로벌화를 위한 생산 경영 시스템까지 완벽하게 장착했다.

(주)코스메카코리아 창립식

40년 넘는 '화장품 외길', 정도(正道)를 걷다

1978년 ㈜피어리스 화장품에 입사하며 스물아홉 살의 나이로 화장품 업계와 인연을 맺은 조임래 회장은 40여년이 넘는 시간 동안 묵묵히 국내 화장품 경쟁력 제고를 위해 힘써 왔다.

첫 직장에서 기초연구실장을 역임한 조임래 회장은 12년간 근무하며 쌓은 업적과 경력을 바탕으로 오현두루라와 한국콜마 초대연구소장 등을 거쳐 1993년 태웅화장품의 상무이사로 직무하게 된다. 그러나, 국내에 불어 닥친 IMF의 여파로 경영난을 이기지 못한 태웅화장품은 더 이상 존속할 수 없게 된다.

　수많은 직원들이 하루아침에 실직자가 되어 거리로 나앉게 된 상황에서 조임래 회장은 '내 손으로 뽑은 직원들을 이렇게 내보낼 수는 없다'고 생각했다. 그 책임감과 절박함이 지금의 코스메카코리아가 존재하게 된 이유가 됐다.

　조임래 회장은 리더십을 발휘해 직원들과 힘을 합쳐 코스메카코리아를 설립하고, 100년의 미래를 보장받는 기업을 만들기 위해 정도(正道) 경영에 힘썼다.

　지난 5월, 20주년 창립 기념식에서 조임래 회장은 창립 초창기를 회상하며 "우리는 선발주자도 아니었고, 우리의 둘러싼 환경은 척박했으며, 돌아서는 굽이굽이마다 막막한 현실과 마주해야 했다"면서 "그러나, 우리는 어두운 환경 속에서도 타협을 불허했고, 모험 정신과 혁신을 거듭하며 우리만의 경쟁력을 만들어 왔다"고 말했다.

　조임래 회장과 초창기 직원들은 한 치 앞도 보이지 않는 암중모색의 상황 속에서도 코스메카코리아가 세계적 기업으로 성장할 것이라는 믿음을 잃지 않았다. 기술력에 대한 자부심과 불합리에 타협하지 않는 조임래 회장의 굳은 심지가 지금의 글로벌 코스메카를 만들어 낸 것이다.

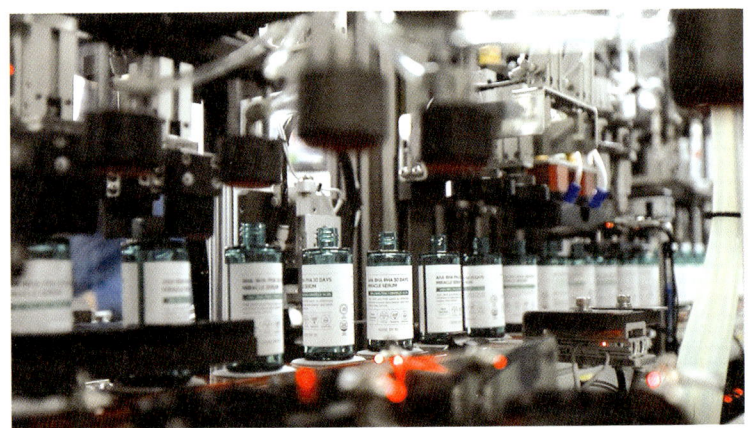

코스메카코리아 충전라인

가죽을 벗겨내는 고통, 혁신정신으로 일군 생산 시스템

"혁신(革新)이란 말 그대로 가죽을 벗겨내는 일인데 어찌 고통스럽지 않겠습니까. 그러나 고통 뒤에는 반드시 보람과 성과가 따릅니다."

창립 초기부터 혁신의 중요성을 강조했던 조임래 회장은 생산 시스템에서부터 과감한 혁신을 단행했다. 기존의 생산 방식을 탈피해 적은 비용으로 높은 생산성을 내는 공장으로 탈바꿈하는 것이 목표였다. 조임래 회장의 혁신을 통한 생산성 향상 및 작업환경

개선은 침체했던 기업의 분위기를 쇄신했다.

조임래 회장은 일본 도요타 공장 방문 중 보았던 TPS(Toyota Production System)를 국내 최초로 화장품 생산 라인에 도입함으로써 12명의 작업자가 투입됐던 12미터 라인 3개를 6미터 라인 6개로 세분화해 투입 인원을 6명으로 줄였다. 이어 2차 혁신을 통해 3미터의 12개 벨트라인을 만들어 생산성을 4배로 증가시켰다. 작업자 혼선이 빈번하고 손이 많이 가는 곳에는 간이자동화 시스템을 적용했다.

조임래 회장이 현장에서 혁신 활동을 진두지휘한 결과, 코스메카코리아만의 독자적인 생산시스템인 CPS(Cosmecca Production System)가 구축되었다. CPS는 부자재 입하부터 제품 출고까지 ERP 및 POP에 의해 통합 관리되어 생산자원을 효율적으로 활용하는 코스메카코리아만의 생산 시스템이다. CPS의 활용으로 원가 경쟁력 및 납기 대응률이 높아진 덕에 고객 만족도도 크게 향상했다.

2018년 10월에는 충북 음성에 신공장인 뷰티2사업장을 오픈했다. 뷰티2사업장은 업계에서 가장 혁신적인 시스템과 생산 설비를 도입한 스마트 팩토리이다. 자동화 생산 설비와 AGV(Automated Guided Vehicle)를 이용한 무인물류운반 시스템 등을 통해 생산성과 품질, 고객만족도를 크게 높였다.

국내를 넘어 중국, 미국에서도 증설된 생산능력에 맞춘 안정화 작업을 진행하고 있다. 지난 해에는 세 번째 중국법인인 코스메카차이나의 핑후 공장을 오픈했다. 저장성에 위치한 핑후 공장은 연면적 4만833㎡ 규모로 연간 생산능력은 1억5000만개다. 코스메카차이나는 핑후 공장 설계 단계부터 한국법인과 동일하게 코스메카코리아만의 고유한 생산 시스템과 노하우를 완벽하게 적용했다.

코스메카차이나는 그동안 코스메카코리아가 쑤저우와 포산 법인 등 2개의 법인을 운영하며 쌓아온 현지 노하우를 반영하여, 현지 고객사들의 니즈를 반영한 고품질의 제품을 적기에 제공할 수 있을 것으로 기대된다. 금년 중, 잉글우드랩 토토와의 생산능력이 확충되면 한국, 미국, 중국을 합친 코스메카코리아의 글로벌 생산능력은 7억 3500만개가 된다.

글로벌 컴퍼니를 현실화 시킨 연구개발 경쟁력

자신을 '화장품을 개발하고 만드는 엔지니어'라고 소개할 만큼 연구개발에 깊은 애정과 관심을 두고 있는 조임래 회장은 지속적인 기술개발만이 코스메카코리아에 숨을 불어넣는 동력이 될 것이라 믿고 있다.

기술력에 대한 투자와 확신의 결과, 코스메카코리아는 1997년 국내 최초 3중 기능성 BB크림을 개발하며 전세계 화장품 시장에 불어 닥친 BB크림 열풍을 선도, 독보적인 '신제형 개발의 강자'로 부상했다. 조임래 회장은 3중 기능성 BB크림 개발로 한국 화장품의 산업력을 제고한 노고를 인정받아 2013년 '제40회 상공의 날' 대통령 상을 표창받기도 했다.

코스메카코리아의 목표는 언제나 새로운 기법과 새로운 소재, 새로운 제품을 창출하여 전세계적으로 누구도 따라 할 수 없는 독자 제품을 개발하는 것이다. 코스메카코리아의 독자 제품 개발을 통한 시장 선도 능력은 감각이 아닌 과학에서 나온다. 현재 10기까지 운영된 자체 소비자 품평단 '메카프렌즈'를 통해 유의미한 데이터와 심층 FGI자료 도출하여, 혁신 제형 개발에 적극 활용하고 있다.

코스메카코리아의 경쟁력과 자부심은 정통 화장품연구개발 전문기업으로 성장해온 코스메카코리아의 R&D 노하우와 역량에서 기인한다. 조임래 회장은 일찍이 R&D 경쟁력의 중요성을 알고, 2013년 3월 연구개발의 메카인 판교에 CIR센터를 설립하면서 기술경쟁력 혁신과 발전의 발로를 마련했다.

Creative Innovation Research & Development라는 CIR센터의 의미와 같이 창의적인 R&D 혁신은 코스메카코리아가 지향하는 최고 가치이며, 이를 위해 과감한 R&D 투자를 단행하고 있다. 특히, 최첨단 연구 설비 등에 지속 투자하여 안면피부측정기, 수분측정기, Tewameter(MPA5), Glossymeter(MPA5), 피부투과율 측정기, TURBISCAN(분산안정성분석기), In vitro SPF, Rheolaser Master, LumiSizer Dispsersion analyser 등 다수의 최첨단 기자재를 보유하고 있다.

"코스메카코리아는 지금껏 오롯이 기술력 하나로 국내 시장에서 성장한 기업입니다. 우리는 기술력으로 고객과 이야기하고, 기술력으로 고객에게 인정받습니다. 세계 시장에서라고 다를까요? 무대는 바뀌어도 우리는 항상 '기술력'에 방점을 찍고 나갈 것입니다."

최근, 코스메카코리아는 글로벌 스탠더드를 준수하여 전세계에 공통으로 적용될 수 있거나 각 지역에 특화된 제형을 개발하는 데 주력하고 있다. 비건, RSPO 등 글로벌 시장의 니즈를 반영하는 기술 개발 서비스를 통해 글로벌 선도형 제형을 선보이고 있으며, 코스메카코리아 미국, 중국에 위치한 해외 현지 법인 연구소와의 협업을 통해 글로벌 연구 개발력 제고하고 있다.

한편, 금년 4월부터는 중국 3개 법인과 미국법인인 잉글우드랩을 아우르는 국내외 통합 시스템(ERP)을 구축하여 가동을 시작했다. 업무 프로세스를 표준화하고 신뢰도 높은 데이터를 전사에

코스메카코리아 R&D

효율적으로 공유할 수 있으며, ERP상에서 제조와 품질관리 활동이 GMP규정에 부합하도록 운영이 가능해졌다.

세계인의 아름다움에 기여하는 것은 우리의 사명(misson)

조임래 회장의 리더십을 바탕으로 코스메카코리아는 빠른 외형적 성장을 이루어냈다. 2016년에는 코스닥에 상장하며 기업 가치를 인정받았으며, 올해부터는 중견기업으로 도약한다. 지난 해 매출액은 3,470억 원으로 지난 5년간 평균 성장률은 29%에 달한다.

특히, 미국법인인 잉글우드랩은 글로벌 대형 고객사들로부터 안정적이고도 꾸준한 주문량을 유지할 뿐 아니라, 미국 화장품 시장에서 입지를 다지고 있는 신규 유망 고객사를 발 빠르게 유치하며 코스메카코리아의 실적 성장에 크게 기여하고 있다.

조임래 회장은 올해는 시무식에서 철저한 '고객중심' 기업으로 거듭나자고 강조했다. ▲고객중심의 혁신상품 개발 ▲품질 클레임 제로화 ▲고객감동 경영실천 ▲소통중심의 조직문화 구축 ▲글로벌 역량 및 협업강화 등의 항목을 올해의 경영방침으로 삼아, '글로벌 수준의 품질 경영'을 정착화하는 데 주력한다는 방침이다.

특히, 조임래 회장은 변화에 앞서 대응하고 주도적으로 길을 개척한다는 뜻의 '응변창신(應變創新)'의 자세로 고객만족을 위해 행동하는 코스메카코리아로 도약한다고 밝혔다. 이를 위해 신속하고 유연한 고객 대응을 목표로 애자일 방식을 도입한 코스메카코리아만의 새로운 조직 개편을 단행했다.

성장의 동력이 될 기업 문화 구축과 사회공헌활동에도 활발히 참여해 기업의 사회적 책임을 다할 생각이다. 전 임직원이 기증한 물품과 코스메카코리아가 생산한 우수한 품질의 화장품을 모아 아름다운 가게에 기증하고 재판매 수익금으로 소외된 이웃을 돕는 '아름다운 토요일', 우수 기업과 취업 준비생들의 소통 장구를 마련해 일자리 창출에 기여하는 '희망이음 프로젝트' 등 지역사회와의 상생을 위한 공헌도 지속하고 있다. 최근에는 코로나19 바이러스 확산 방지를 위해 힘쓰고 있는 지자체 공무원과 이웃들을 지원하기 위해 3만여 개의 손 소독제를 기부하기도 했다.

"최고 품질의 화장품을 통해 세계인의 아름다움에 기여하는 것은 우리의 사명(misson)이자 존재의 가치입니다. 그것을 넘어 코스메카코리아는 국가와 사회에 지속가능하며 아름다운 자세로 이바지 하는 기업, 임직원과 아름다운 동행을 통해 활약상을 그려나가는 기업, 혁신과 창조를 통해 다음 세대와 인재들이 성장할 터전을 마련하는 미래 기업으로 성장할 것입니다"

'아름다움을 만드는 기업은 아름답게 성장해야 한다' 는 조임래 회장의 공헌철학을 바탕으로 코스메카코리아는 오늘도 기업시민의 역할과 책임을 완수하며, 정도(正道)의 길 속에서 100년의 미래를 준비하고 있다.

<삼화(三和)의 정신- 심화(心和), 가화(家和)로 터를 닦고 인화(人和)로 뿌리를 내린다.>
내가 '삼화'라는 한 그루의 나무를 심은 것이 벌써 40여 년 전의 일이다. 온 마음과 정성을 다했기에 지금의 건실한 기업으로 키워낼 수 있었다. 이 모든 것들이 ㈜삼화를 믿고 찾아주는 고객들과 회사를 위해 성실히 일해 준 직원들이 있었기에 가능한 것일지도 모르겠다.

(주)삼화
조휘철 회장

나는 직원들을 독려(督勵)하는 차원에서
푸릇한 기운으로 충만한 봄에 회사 직원들과 함께 야유회를 다녀오기도 하는데
일터에서 잠시 벗어나 풍요로운 자연 속에서
서로 소통하고 화합할 수 있는 자리를 만드는 것이다.
춘계(春季) 야유회 행사 중에 진행자가 직원들에게 한말씀 해달라고 부탁했다.
"그래요, 반갑습니다.
우리 삼화의 브랜드가 마젤(mazel)이에요.
그 뜻이 뭔가 하면 〈행운〉이라는 뜻이야.
우리 삼화의 고객들과,
또 우리 삼화의 가족이 〈행운이 오게, 행복스럽게 많이 와라!〉 해가지고
브랜드를 마젤(mazel)로 정했어요.
그래서 여러분 가정하고 우리 삼화도
지금 나날이 번창하는 게 아닌가, 그런 생각이 들어요."

한 사람의 작은 용기(勇氣)가 세계를 담는 거대한 용기(容器)를 만들어 내다!

1977년 삼화금형사를 전신으로 하여 1997년 (주)삼화법인으로 전환, R&D 연구사업 체결 및 <월드클래스 300 글로벌 전문기업>으로 선정되며 지금의 기업으로 성장하였다.

(주)삼화는 2016년 경기도 의왕시 오전에 본사(신공장)를 완공, 계열사는 물론 협력사와 시너지 효과를 창출할 수 있게 되었다.

화장품용 컨테이너 패키징을 전문으로 하며, 디스펜서와 진공용기, CC쿠션팩트, 진공펌프, 펌프류, 그라인딩 파우더 용기 등이 주력 상품이며 제약, 식품 분야까지 영역을 확대하고 있다. 화장품 부자재 업계 ISO 9001, 14001을 취득했고, 뿌리기업확인서(인증, 2016년), 벤처기업확인서 및 기술혁신중소기업 INNOBIZ를 획득

(주)삼화 본사(경기도 의왕시 오전)

했다. (주)삼화 R&D센터에서는 최신 트렌드 연구와 기술개발에 전념한 결과 특허 100여개, 디자인 70여개, 실용신안권 20여개, 상표등록 약 200여건을 등록했고 '19년도 상반기에도 특허 20여개, 디자인 10여개의 개발실적을 거두었다. 저장용기 펌핑 장치와 오픈타입 배출용기 등 3종 22가지의 특허 및 실용신안을 보유하고 있다. 뛰어난 기술력, 앞서가는 마케팅력으로 산업자원부장관 표창, 국무총리 표창, 국세청장(모범납세자)표창, '18년 대한민국 일자리 으뜸 100기업 선정, 일자리 창출지원 대통령상 표창을 수상했다. 2018년 1000억원의 매출을 달성했으며, 2020년을 고속성장 원년의 해로 설정해 5천만불 수출의 탑 수상을 목표로 하고 있다.

(주)삼화 본사에 위치한 금형탑과 광성비.(오랜 세월이 녹아든 삼화의 상징)

삼화(三和)의 정신

심화(心和),

가화(家和)로 터를 닦고

인화(人和)로 뿌리를 내린다.

내가 '삼화'라는 한 그루의 나무를 심은 것이 벌써 40여 년 전의 일이다. 온 마음과 정성을 다했기에 지금의 건실한 기업으로 키워낼 수 있었다. 이 모든 것들이 ㈜삼화를 믿고 찾아주는 고객들과 회사를 위해 성실히 일해 준 직원들이 있었기에 가능한 것일지도 모르겠다.

㈜삼화의 독자적 개발 브랜드 – 마젤 mazel
행운을 부르는 이름!

1994년 화장품 업계에서는 드물게 '마젤 (mazel)'이라는 고유 브랜드를 갖고 있는데 이는 프랑스어로 '행운'이라는 뜻을 지니고 있다. 이는 고객은 물론 회사의 직원들 모두에게 행운이 찾아오기를 바라는 창업주 조휘철 회장의 깊은 바람이 들어있는 브랜드명이다. 독자적 브랜드를 상표로 등록, 최고라는 자부심과 품질 제일주의로 국내외에서 인지도를 높여 가고 있으며 앞으로 100년을 넘어 지속가능한 기업이 되기 위해 끊임없이 노력하고 있다.

2018년에 중국공장 삼화(상해)포장제품 유한회사 설립을 시작으로 2019년 3월부터 첫 양산 제품을 만들어 냈다. 주요 생산품은 기초제품 펌프류, 색조용기 패키징, 쿠션용기로 연간 3500만개의 생산능력을 보유하고 있다. ㈜삼화는 미국, 프랑스, 홍콩, 상해에 지사를 두어 해외 시장을 공략, 수출 증대에 힘쓰고 있다.

정도(正道)를 걷는 기업경영에서 상생경영으로

약 43년간 화장품용기라는 한 길만을 뚝심있게 걸어올 수 있었던 것은 정도경영을 기반으로 기술개발에 힘쓴 창업주의 헌신과 노고, 할 수 있다는 자신감과 노력에 대한 결실이다.

차별화된 기술력, 아름다움과 실용성으로 무장한 최고의 제품을 만들어 내어 한국인과 전 세계인들의 마음을 사로잡아 해외시장에서의 인지도를 높이고 나아가 경제성장에도 한 몫을 하겠다라는 것이 ㈜삼화의 뚜렷한 목적의식인 것이다. 기술발전의 진화를 이끌며 안정적인 기업경영과 쾌적한 노동환경이라는 성장동력을 발판 삼아 대한민국 산업화 발전에 큰 도움이 되고자 계속 노력할 것이다.

장인(匠人)정신, 나는 기술을 파는 장인이다.

<기술제일주의, 품질제일주의, 고객제일주의>

1977년 삼화금형사 창립으로 첫발을 힘차게 내딛고 사출성형, 화장품 용기 개발로 이어지며 성장했다. 투철한 장인정신의 혼을 담은 고품질의 제품을 만들어 내고 경쟁사를 뛰어 넘는 우수한 기

(주)삼화 조휘철 회장.

술력으로 고객을 최우선으로 생각하는 것이 나의 신념이다.

'겸손'은 (주)삼화의 사훈이기도 한데, 기술을 파는 사람은 늘 겸손하고 낮은 자세로 스스로와 회사를 돌봐야 한다는 경영철학이 담겨있다.

창업을 하고 경영이라는 거친 바다에 뛰어든 이후 나는 아침에 일어나서 저녁에 잠들기 전 까지 머릿속의 생각회로들을 쉬지 않고 가동시키며 '어떻게 하면 회사를 더 발전시켜나갈 수 있을지, 고객들의 다양한 요구사항들을 어떻게 충족시킬지, 완벽한 제품을 만들기 위해 어떤 기술을 개발해야 하는지'를 반추(反芻)하며 많은 시간을 보냈다. 고객들의 눈높이에 맞추어 완벽한 제품을 만들기 위해서는 경영진과 직원들의 협동이 잘 이루어져야 한다. 노련 한 장수(將帥)처럼 그들을 통솔해야 하는 것이다. (주)삼화는 고객들이 보내는 신뢰(信賴)와 독보적(獨步的)인 기술력, 직원들의 협동심과 애사심(愛社心) 등이 한 겹씩 쌓이고 쌓여 만들어진 기업이다. 지속성장을 위해서는 기본에 충실하고, 추진력(推進力)을 갖추며, 전력(全力)을 다해 앞으로 나아가 새로운 시각으로 미래의 가능성을 보아야 한다. 그렇게 한다면 (주)삼화는 마젤(mazel)이라는 브랜드와 더불어 승승장구(乘勝長驅)하며 오랜 세월을 장수기업으로 그 명맥(命脈)을 이어나갈 수 있을 것이다.

도전정신,
우직함으로 화장품 산업에 뛰어든 개척자!

창업이후 IMF 금융위기를 거치며 약 40여 년간 고객사, 협력사와의 신뢰를 구축하고 직원들을 가족같이 여기며 하루도 인건비를 미루는 일 없이 지금껏 경영을 해왔다. 이는 자금이 풍족해서도, 기업이 굴곡 없이 성장만 있어서도 아닌 강직한 상생(相生)의 이념이 있었기에 가능한 일이었다. 창업을 결심하고 기업을 이끌어가면서 변함없이 고수하고 있는 원칙은 고객이 믿고 만족할 수 있는 최선의 노력을 아끼지 않는 것, 공존을 위해 애쓰는 겸허함이다. 아울러 국가경제 발전에 이바지하고 국가 경제력 강화를 위해 끊임없는 기술개발과 고객만족을 위해 불굴(不屈)의 의지를 다지며 노력을 경주(傾注)하는 기업을 추구하고 있다.

(주)삼화의 경쟁력!

* 금형기술을 바탕으로 한 혁신적이고 체계적인 기술개발 – 현재 국내에서 최다 모델을 보유하고 있으며 기존의 원형용기에 이어 타원, 사각용기를 국내 최초로 개발, 보급하였다. 기술력의 응집이라고 할 수 있는 진공용기, 진공펌프, 팩트, 그라인딩 파우더 용기등을 국내 최초로 개발, 상용화하였다. 캡 금형(당시에 매우 혁신적인 공정이었음)과 나사금형은 우리 나라에서 최초로 개발하였는데, 이는 창업주의 부단한 노력의 산물(産物)인 동시에 연구개발 팀을 활성화하고 차별화된 자체기술이 쌓여 이룬 결과물이라 할 수 있다.

* 금형 설계부터 완제품까지 모든 공정을 한번에 – 화장품 용기의 One Line System (디자인으로부터 Assy 용기까지)

* 품질에 대한 자신감에서 탄생한 브랜드 – 마젤(mazel)

(주)삼화의 One Line System. 사출기계, 조립공정에서 완제품까지 작업하는 직원들.

부자재업계에서는 이례적인 것으로 삼화의 대표 이미지로 인식되며 기업이 성장, 발전할 수 있는 촉매재로서의 역할과 동시에 최고의 품질임을 증명하는 브랜드로 자리매김하고 있다.

* 노사의 안정된 화합 – 스스로가 자신의 능력을 발전시킬 수 있는 직원들이 활동하는 회사는 개인의 발전이 곧 회사의 발전으로 이어지는 원동력이 된다. 용기 산업의 새로운 방향을 제시하기 위해 회사와 직원들의 유대를 강화하고, 친목을 도모하며 노사간의 조화와 안정을 꾀하고 있다.

(주)삼화는 제품의 발전 가능성에 대해 생각하고 늘 신제품을 연구 개발하여 새로운 시장의 활로를 개척해 나가는 것을 목표로 삼고 있다.

대한민국 최초의, 최고의 기술력으로 탄생한 제품들!

(주)삼화는 창업주의 진두지휘 아래 국내 최초로 기술개발을 시도하여 진공용기, 진공펌프, 팩트, 그라인딩 파우더 용기 등의 제품생산을 성공시키며 화장품 용기의 혁신을 가져 왔다.

* 에어리스(CC쿠션 팩트)용기 (진공) – 수분을 꽉 잡아주는 밀폐력의 최강자!

쿠션팩트는 수분함량이 굉장히 높기 때문에 촉촉함을 유지하는 것이 생명이다. 쿠션팩트는 특수재질의 스펀지에 액상 파운데이션을 담가서 사용하는데 수분이 증발하게 되면 안되기 때문에 밀폐력이 높아야 한다. 하루에도 몇 번씩 열어서 쓰다 보면 수분이 증발하게 되는데 이제는 수분의 증발과 성분의 변질 없이 처음 모습 그대로를 유지시켜 항상 새것처럼 사용 할 수 있게 되었다. (주)삼화의 자체 기술력으로 만든 진공팩트용기가 이를 가능하게 만든 것이다. 플라스틱과 엘라스토머라는 고무재질을 동시에 결합한(이중사출 기법)용기를 국내 최초로 개발하고 상용화에 성공하였다.

핵심 기술력으로 완성된 진공용기는 국내 유명 화장품 브랜드 회사는 물론 해외 명품기업들(입생로랑, 시세이도, 샤넬, 에스티로 더, 크리스찬 디올, 랑콤, 로레알 등 다수)에 수출하고 있다.

* 그라인딩 파우더 용기 – –쓱 필요한 만큼 그때그때 갈아서 쓰자!

파운데이션을 고체 덩어리 상태로 넣은 뒤 필요할 때마다 갈아서 사용하도록 한 그라인딩 용기는 굉장히 미세한 입자로 분쇄가 가능하도록 만든 제품이다. 레스토랑에서 후추를 즉석에서 갈아 주는 것과 같이 손으로 용기의 회전판을 돌리면 고정파우더가 갈려 나오기 때문에 쓰고 남은 분가루가 오염되는 것을 막을 수 있는 장점이 있다. 기존의 제품들은 사용하고 나면 가장자리에 내용물이 남아있는 경우가 대부분이었는데 알루미늄 커터를 개발, 가장자리에 타공을 여러 개 배치해 소비자들이 낭비 없이 깨끗하게 사용할 수 있는 만족도가 높은 제품을 만들었다. 이는 발상(發想)의 전환(轉換)으로 이룩한 성과라고 할 수 있겠다. (*한국포장기술사 신기술부문 수상 *미국특허 획득)

200종 이상의 프리몰드와 다양한 주문제작 제품들이 업계 최고의 기술력임을 증명하고 있다.

2019년 대통령상 표창 수상

키워드로 보는 나의 인생 지도!

★우연(偶然)이 운명(運命)으로 바뀌는 순간!

나는 항상 기회를 잡으려고 노력한다. 제약회사에서의 경험이 나를 금형사업으로 이끌었고, 점점 거대해져 ㈜삼화라는 기업을 만들고 화장품 산업에 한 획을 그으며 발자취를 남기게 만들었다. 이러한 노력들 덕분에 대한민국 산업발전에 크게 기여한 공로(功勞)를 국가에서 인정받을 수 있었고, 2019년 대통령상 표창을 수여 받는 영광을 얻게 되었다. 개인으로서도 또 기업인으로서도 가장 크고 명예로운 순간이었다.

국내 화장품 자재산업의 1세대 장인으로 끝없는 기술개발과 열린 경영, 철저한 공정 관리, 동반성장의 실천을 통해 업계 선도기업의 모범을 보인 공적을 인정받아 '19년 안양대학교 명예 경영학 박사 학위를 수여 받는 영예 또한 안았다.

★무(無)에서 유(有)를 창조하는 것이 비전(vision)이다!

아무것도 없는 무(無)의 상태에서 무언가 새로운 것, 이전까지는 존재하지 않았던 전혀 다른 것을 창조해 내는 것은 결코 쉬운 일이 아니다. 그 짧은 단어 하나마다 많은 장애물과 고난(苦難), 역경(逆境)들이 도사리고 있고 한걸음씩 모든 것들을 뛰어넘을 때 비로소 세상으로 나와 빛을 발하게 되는 것이다. 내게는 '국내 최초 기술개발'이라는 수식어가 따라다니는데, 아무도 생각하지 않는 것에 관심을 기울이고 내가 알고 있는 지식들을 활용하여 무에서 유를 창조해 나감과 동시에 깊이 몰두(沒頭)하는 '-쟁이' 정신이 내가 가진 최고의 강점이자 비전(vision)이 아닐까 한다.

또한 나는 새로운 가치를 창출(創出)하고 일자리를 만드는 것, 생각으로 그치는 것이 아니라 움직이는 행동력이 기업가 정신의 핵심이자 비전이라고 생각한다. 남들이 하지 않는 새로운 것을 찾아내어 도전하고 변화(變化)해 나가는 것이 무엇보다 중요하다. 한 발 앞서 나가기 위해 필요한 것은 과감한 도전과 신선한 발상, 계속해서 새로운 기회를 찾아 나서는 모험심이다. 기업을 경영하는 것은 드넓은 바다를 가로지르며 신항로를 개척(開拓)하고 주도하는 것과 같다. 뚜렷한 목표를 세우고 제대로 된 방향으로 나아가야만 길을 잃지 않고 원하는 목적지에 다다를 수 있기 때문이다.

(주)삼화 2019년 춘계 야유회

(주)삼화의 현재와 미래를 이끌어가는 주역들.

고객을 최우선으로 생각하며 최고의 제품으로 승부수를 띄우는 것이야말로 기업을 크게 발전시킬 수 있는 원동력이 될 것이다.

*기업인 조휘철 = 삼화(三和) = 마젤(mazel)

나는 직원들을 독려(督勵)하는 차원에서 푸릇한 기운으로 충만한 봄에 회사 직원들과 함께 야유회를 다녀오기도 하는데 일터에서 잠시 벗어나 풍요로운 자연 속에서 서로 소통하고 화합할 수 있는 자리를 만드는 것이다. 춘계(春季) 야유회 행사 중에 진행자가 직원들에게 한말씀 해달라고 부탁했다.

"그래요, 반갑습니다. 우리 삼화의 브랜드가 마젤(mazel)이에요. 그 뜻이 뭔가 하면 <행운>이라는 뜻이야. 우리 삼화의 고객들과, 또 우리 삼화의 가족이 <행운이 오게, 행복스럽게 많이 와라!> 해가지고 브랜드를 마젤(mazel)로 정했어요. 그래서 여러분 가정하고 우리 삼화도 지금 나날이 번창하는 게 아닌가, 그런 생각이 들어요."

고객과 함께 성장하는 기업 (주)아폴로산업
생각해 보면 1960년대 대한민국 국민들의 삶은 매우 끔찍했습니다.
전쟁으로 인해 국민들의 생활은 매우 궁핍했고, 의식주를 해결할 수 없는 하루하루가 생존을 위한 전쟁이었습니다.
아마도 가진 것도, 잃을 것도, 아무것도 없었기 때문에 무언가에 도전할 수 있었던 것 같습니다.
그렇게 저는 아폴로를 꿈꿨습니다. 그리고 그렇게 아폴로가 시작 되었습니다."

(주)아폴로산업
이용대 회장

오늘도 구슬땀을 흘리며 맡은 일에 최선을 다하고 있는
믿음직하고 열성적인 아폴로산업 가족 모두에게는
"내가 만든 제품이 세계에서 인정받는다는 자부심과 긍지뿐만 아니라,
열심히 땀 흘리는 보람을 느끼고,
건강한 가정의 중요한 역할자로서의 뿌듯함을 주는
자랑스런 일터 문화가 숨 쉬는 소중한 직장 그 이상의 의미"가 담겨 있으며,
"이러한 자신의 인생 여정과 임직원들의 열정이 모여
하나가 되었기에 오늘의 회사로 우뚝 설 수 있었고
앞으로의 미래는 더욱 더 밝아 올 것입니다"

나의 비전, 나의 회사

고객과 함께 성장하는 기업

"1969년 7월 20일, 최초로 인간의 달 착륙에 성공한 아폴로11호에 대한 기록은 제게 매우 큰 의미가 있습니다. 당시 제 나이는 23살이었고, 당시 한 인간에게는 일상적인 한 걸음이었지만 인류에게는 위대한 도약이었던 사실에 저는 매우 흥분했었습니다. 그리고 깨달았지요.

누군가의 작은 도전의 시작이 이웃과, 나아가 인류에게 희망을, 후손에게는 미래에 대한 꿈을 물려 줄 수 있다는 것을…

생각해 보면 1960년대 대한민국 국민들의 삶은 매우 끔찍했습

니다. 전쟁으로 인해 국민들의 생활은 매우 궁핍했고, 의식주를 해결할 수 없는 하루하루가 생존을 위한 전쟁이었습니다. 아마도 가진 것도, 잃을 것도, 아무것도 없었기 때문에 무언가에 도전할 수 있었던 것 같습니다. 그렇게 저는 아폴로를 꿈꿨습니다. 그리고 그렇게 아폴로가 시작 되었습니다."

이용대 대표는 아폴로산업에 대해 "개인적으로는 모든 조건이 열악하고 포부만으로는 아무것도 할 수 없는 무에서의 위험한 환경을 헤치고 일구어낸 회사에 대한 애정과 자부심의 집합체인 동시에 인생 여정이 녹아 있는 '인생의 상징' 그 자체"이며, 오늘도 구슬땀을 흘리며 맡은 일에 최선을 다하고 있는 믿음직하고 열성적인 아폴로산업 가족 모두에게는 "내가 만든 제품이 세계에서 인정받는다는 자부심과 긍지뿐만 아니라, 열심히 땀 흘리는 보람을 느끼고, 건강한 가정의 중요한 역할자로서의 뿌듯함을 주는 자랑스런 일터 문화가 숨 쉬는 소중한 직장 그 이상의 의미"가 담겨 있으며, "이러한 자신의 인생 여정과 임직원들의 열정이 모여 하나가 되었기에 오늘의 회사로 우뚝 설 수 있었고 앞으로의 미래는 더욱 더 밝아 올 것입니다" 라고 힘주어 말했다.

아폴로를 이끄는 '지식정신, 도전정신, 혁신정신'

아폴로 산업을 이끌고 있는 이용대 대표는 지식정신, 도전정신, 혁신정신의 3대 경영이념을 기반으로 노사화합과 기업의 사회적 책임에 충실하며 세계 최고 수준의 패키징 공급사로 거듭나기 위해 3대 정신을 강조하고 있다.

지식정신 : 기업 경쟁력의 원천은 지식을 축적하고 지속적인 연구개발을 통한 능력을 배가시키는 최고의 인재가 되는 자세입니다.

도전정신 : 새로운 목표를 위해 현실에 안주하지 않고, 보다 나은 제품을 향해 도전하는 진취적인 행동은 아폴로인이 지속적으로 지향해야 할 자세입

니다.

혁신정신 : 지속적인 연구개발을 통한 창의적 사고는 뛰어난 기술력과 혁신적 시장 중심을 선도해 나가는 자세입니다.

또한 고급 기술력과 최고의 품질을 기반으로 세계인의 신뢰를 받는 기업이 되고자 미래 비전과 가치에 대하여 명확한 철학을 가지고 있다.

미션 : 고기능성 화장품 패키지, 생활용품, 제약 패키지 등 다변화되는 시장에 대한 차별화 전략과 신속한 대응
비전 : 새로운 기술을 지속적으로 연구 개발하여 고객을 먼저 생각하고 신뢰와 믿음을 주는 기업
가치 : 『정직과 신뢰, 사회적 책임을 다하는 고객만족 경영』의 경영철학을 핵심 가치로 삼고 있다.

시그니처 제품 포함, 대표 제품 개발까지의 노력

최근 (주)아폴로산업에서 개발한 1회 3cc 토출 포밍 펌프는 기존의 0.8cc 토출량 포밍 타입 제품의 사용 편리성에 익숙해진 반면

　기존 제품보다 대량으로 사용할 수 있는 제품을 필요로 하는 소비자의 수요가 증가하고 있으므로, 1999년 포밍 펌프 특허 보유 기술을 기반으로 한 지속적인 연구 개발로 소비자의 요구와 기호에 초점을 맞추어 사용시 펌프내부의 스프링과 내용물이 접촉되지 않아 내용물의 변화를 일으키지 않는 장점을 가진 외장형 대용량 포밍 펌프 개발을 통하여 고급 화장품 및 세정제, 의약품 등에 적합한 제품 공급에 큰 역할을 담당하고 있다.

　제품 특징은 1회 토출량 3cc의 대용량 펌핑이 목적이므로 부품의 크기로 인한 기밀성 유지와 누액 차단, 3개의 필터 장착, 거품 입자의 초미세화, 다량의 양의 공기와 내용물을 혼합하여 거품으로 배출하는 최적의 혼합율 구현을 위한 기능 설계가 핵심이므로 착수 전 충분하고 다각적인 선행 연구 결과

- 목적 및 용도에 따라 거품의 밀도를 선택할 수 있도록 Mesh의 고밀도화 적용
- 거품의 초미세화를 위한 3중 필터 Mesh 호환 적용
- 완벽한 구조분석에 따른 설계 적용

- 고객 요구사항에 대응하는 맞춤형 제품 디자인 도출
- 잘 갖추어진 조직의 협업에 의한 외관디자인 컨셉 토의
- 외관의 아름다움과 고급스러운 디자인 구현을 위한 다양하고 반복적인 리모델링
- 자동화 생산시 생산성이 용이하도록 설계해야 하는 각 부품마다의 특성과 기능을 고려한 설계의 어려움 등의 난관을 극복하면서 이미 보유한 기술에 또 하나의 기술력을 축적할 수 있었고, 일찍이 국내 최초로 포밍 펌프 0.5cc와 0.8cc의 국산화 성공의 기술력으로 3cc 대용량 포밍 펌프도 국내 최초로 개발하여 국내 포밍 펌프 생산 점유율 1위, 국내 유일 구조의 특허 기술 보유 등을 통하여 "소비자의 관점에서 충분한가?" 라는 질문에 "그렇다" 라고 할 수 있는 제품을 개발하게 되었다.

최적의 품질과 기술력이 성장 동력

아폴로 산업은 창사 이래 창조를 위한 연구개발과 끊임없는 도전정신을 바탕으로 고객으로부터 신뢰받는 정직한 기업으로 성장하고 있다. 일상생활의 필수적인 각종 생활용품과 농축산 기구는 물론, 농축된 기술력을 기반으로 한 포밍 펌프의 메커니즘을 이용

하여 각종 어플리케이터를 적용한 포밍 타입 제품을 용도별로 다양하게 제공하여 선택의 폭을 확대 하였고, 초미세 분무가 가능한 고품질 스프레이 개발로 기술과 품질의 위상을 더 한층 끌어올림으로서 국내외에서 크게 인정받고 있다. 이러한 성장의 근본적 배경은 성장의 확신이 설 때 신속하고 과감한 투자와 기술 개발, 미래를 내다 볼 수 있는 타고난 예지력 등 3박자가 고루 갖추어져야 가능하다.

1999년 국제 규격인 ISO9001 품질경영시스템 인증을 시작으로 ISO 14001, ISO 15378, ISO 22716 등 품질, 환경 경영 시스템을 지속적으로 구축하여 최적의 품질과 기술력에서 고객 만족을 실현하고 있다. 아폴로 제품은 중국, 일본, 대만, 호주, 홍콩 등 아시아권은 물론 지구 반대편의 프랑스, 영국, 독일, 스페인, 이태리

등의 유럽과 미국 및 중남미 지역에 위치한 지역에 세계 글로벌 기업에 공급함으로써 꾸준한 신뢰를 바탕으로 성장과 가치 실현을 지속하고 있다.

아폴로의 3가지 약속

아폴로산업은 고객과의 3대 약속을 지키기 위해 항상 노력하고 있다.

1. 새로운 생각을 가지고 고객의 의견을 존중할 줄 알며, 항상 연구하는 자세와 창조적인 생각으로 제품의 품질을 높이겠습니다.

2. 미래를 선도하는 제품 개발을 위해 끊임없는 노력과 진취적인 도전으로 모든 고객에게 기쁨을 드리는 아폴로산업이 되겠습니다.

3. 우수한 품질과 디자인, 다양한 제품, 합리적인 가격으로 고객의 요구사항 및 문제점 개선을 적극 반영하여 신뢰받는 정직한 기업으로 고객 분들께 다가가겠습니다.

상생의 신념, 미래 지향적 경영 리더십

아폴로산업은 일찍이 광대한 글로벌 시장을 타겟으로 마케팅하여 세계적 화장품 브랜드인 로레알[L'Oreal], 에스티 로더[ESTEE LAUDER], PKG(미국), HCT(미국), Athena Cosmetics, Seacliff, Sephora, Astral Health & Beauty, Ryo

International Co., Ltd., 케이즈(KEIZ Co.,Ltd), PAC COSMETICS (인도), Globaltek Latin America LLC, 시세이도 등과, 글로벌 화장품 패키징 유통전문사인 Quad pack의 각 지사국 스페인, 호주, 프랑스, 영국, 이태리, 독일, 미국 등에 경쟁력 있는 각종 화장품 부자재를 공급함으로서 수출한국의 위상을 더욱 높이는데 크게 이바지하고 있다.

이는 하루아침에 이루어진 것이 아니라 1976년부터 이어온 기술의 축적의 결과라 할 수 있다. 제품 개발의 착안에서 설계, 시제품 제작, 금형 제작, 생산, 공급에 이르는 과정을 모두 자체 처리 가능한 수준 높은 인적, 물적 자원과 축적된 개발 능력 등 기반시설을 모두 갖추고 있으며, 협력사와의 오랜 기간에 걸친 돈독한 협업 관계가 큰 자산이 되었고, 협력사와의 밀접한 관계 유지의 근본에는 이용대 대표의 아낌없는 지원과 상생의 신념, 미래 지향적 경영 리더십이 오늘날 큰 성과로 나타난 결과이다.

신제품 개발과 신기술 개발에 역량을 집중하고, 현대화된 생산

공정 도입과 오랜 경험과 전문 인력 양성에 매년 꾸준한 투자를 하고 있다. 뿐만 아니라 4차 산업 혁명의 대 전환기를 맞아 정보화 기반의 생산 현장 구축을 위하여 "4차산업혁명 기업혁신과정"에 직접 참여하고 있고, 회사 전반의 체질 개선 및 스마트화를 위하여 "QSS 혁신활동", "스마트 마이스터 프로그램", "5S 실천 운동" 등과 "뷰티 디자인 개발지원사업", "제조혁신 지원사업", "디자인 인력 지원사업" 등의 정부 지원사업을 통한 고객의 요구에 부응하는 최고의 제품 개발을 위하여 이용대 대표의 강력한 추진력으로 생동감 넘치는 총력전을 펼치고 있다.

끊임없는 도전, 혁신과 변화의 경영철학

이용대 대표는 "과거의 성공이 미래의 성공을 담보해 주지 않는

다"는 신념으로, 100년 기업으로 지속적인 성장을 위해서 끊임없는 도전, 혁신과 변화를 추구하며 현재도 일선에서 경영에 몰두하고 있으며 기업 경영에 있어 꼭 필요한 자기 철학이 담긴 독특한 경영 기법을 현장에 적용하고 있다.

(1) 조직은 살아있는 생물체와 같다.

정체되어 있으면 편한 것만 추구하게 되며 매너리즘에 빠지고 조직에 균열이 생기게 된다. 조직 활성화를 위해 각 팀장 및 관리자와의 의사소통으로 각자 생각하는 조직발전 방향, 주요 이슈를 정리하여 개선활동에 적용하고 조직을 안정적으로 운영함으로써 회사 충성도를 높이고, 팀별 시너지 효과를 높이기 위해 "명확한 R&R 확립"으로 조직 운영 효율을 높이고 있다.

(2) 기업이 지속가능한 성장을 위해서는 새로운 시장을 꾸준히 개척하고 새로운 고객을 끊임없이 발굴해야 한다.

특히 중소기업은 전문 인력을 투입해 새로운 전략을 짜고, 전 세계 잠재고객 가운데서 자사 상품에 맞는 신시장을 선정해 해외전시회 참관 및 참가 등 고객 접점을 찾기 위해 부단히 노력해야 하기 때문이다.

(3) STP 모델을 적용한 마케팅 활동

시장에서 경쟁제품이 증가하면서 기업은 기존의 대량생산 체제 하의 대중 마케팅(Mass Marketing)으로는 더 이상 경쟁력을 갖기가 어려워졌다. 이에 미국의 켈로그경영대학원 석좌교수 필립 코틀러(Philip Kotler)가 제시한 '기업이 시장을 세분화하여 새로운 고객을 유치하고 지속적인 수익을 낼 수 있도록' 하는 "STP 모델"을 적극 도입했다.

시장을 세분화(Segmentation), 목표시장 설정(Targeting), 포지셔닝(Positioning) 세 단계로 이루어지며 아래와 같이 실행해 나갔다.

첫째, 특정 시장을 공략하기 위한 선행 작업으로 고객의 성별, 소득수준, 연령, 지역, 소비성향, 가치관 등 다양한 기준에 의해 시장을 세분화하고

둘째, 제품의 이미지나 특징에 가장 적합한 시장을 선정한다. 이때 마케팅 비용이나 수익 증대 폭, 시장의 성장가능성 등을 고려하여

셋째, 고객에게 타사와 다른 자사 제품의 차별성을 각인시킬 수

있도록 광고 등 커뮤니케이션을 적극 활용하였다.

이러한 마케팅 전략 결과 대형 할인점과 재래 유통 시장, 그리고 B2B 거래선의 특성 맞춤형 마케팅으로 매년 괄목할만한 성장세를 이어가고 있다.

(4) 생산 설비도 생산성과 원가 경쟁력에서 중요한 요소이다.
보유하고 있는 설비는 중견기업 규모의 설비를 보유하고 있으나 일부 노후화된 설비의 과감한 개선으로 물량 증가에 필수적인 대응 수단을 갖추어 생산성을 극대화 하였다. 보유 설비의 상태를 정확하게 판단하고, 제조설비의 중장기적 설비경쟁력을 확보하여야 함은 중소기업에 있어서 필수 요건이다.

(5) 기업이 영속하기 위해서는 수익을 내는 것이 중요하다.
고객사별, 제품별 수익성을 분석하여 사업 포트폴리오 전략을 수립하고 영업이익을 향상시키고자 2016년 외부 원가 전문가를 초빙하여 "표준원가 체계를 구축" 과제를 진행하였다. 또한, 품질 실패비용 절감을 위한 Q-COST 기반구축 과제를 통해 부서별 고질 불량 영역을 도출하여 지속적인 개선활동을 전개하도록 하였다.

무한한 성장 잠재력을 가진 화장품시장

2013년 세계 화장품 시장규모는 2,495억 달러, 전년대비 3.9% 성장하였고, 향후에도 지속되어 2018년 3,089억 달러, 2019년 4,334억 달러, 2020년에는 4,597억 달러로 꾸준한 증가세로 전망된다.

화장품 강국인 미국, 일본, 독일, 프랑스 등은 꾸준히 높은 시장점유율 유지하는데 미국(379억 달러), 중국(243억 달러), 일본(233억 달러) 순으로 시장 형성되어 있고 중국, 브라질, 인도, 러시아 등이 지속적인 성장세가 예상되며, 특히 중국 화장품 시장규모가 빠르게 성장 중에 있다.

화장품 포장재는 세계적으로 K-pop, 한류 열풍, 대한민국 국가 브랜드의 상승에 따른 국내 화장품 브랜드의 성장에 힘입어 포장재 시장 규모는 지속적으로 증가하고 있다. 특히 중국 시장 본격화로 높은 신장세가 기대되나 원가 부담으로 어려움을 겪고 있다. 그러나 제품 고급화 및 우수 품질화로 변화되면서 수요가 증가하고 있다.

한중 FTA 체결로 인해 부자재 관세율의 완전 철폐가 시행되면 한중 FTA 최대 수혜 업종 산업의 특징을 갖고 있으므로 성장 잠재력은 무한하다.

'APOLLO' Brand

심벌마크는 기업의 식별에 있어 가장 중요한 요소로 기업의 이미지를 대표적으로 표현하고 있다. 형태는 세계, 미래, 복지, 인간, 기술 등 다섯 가지의 개념과 정서를 이니셜 A로 형상화시켜 희망과 미래 환경을 위해 최선을 다한다는 아폴로 산업의 결의를 나타내고 있다.

여기에 상호 'APOLLO'를 결합하여 CI와 BRAND를 동시에 인식할 수 있도록 간결하게 구현하여 세련미를 높였다.

44년 장수기업 역경을 딛고 다시 서다!

(주)아폴로산업은 1976년 분무기를 시작으로 사업을 시작하였으며, 당시 일본에만 의존하던 분무기를 국내에서 최초로 생산하

면서 선풍적인 돌풍을 일으켰던 그 "아폴로 분무기"의 주인공 "(주)아폴로산업"이다. '분무기' 하면 '아폴로'로 통했고, 금년 44년의 긴 역사를 가진 중견 기업이다.

한국 기업의 평균 수명이 10년도 안되는데, 아폴로산업은 무려 44년의 장수기업으로 저력이 있는 회사이다. 1976년 창업 이래 분무기 생산과 1985년 물뿌리개, 1989년 화분 등에 이미 "APOLLO"라는 상표를 등록하여 현재 당사의 대표 브랜드로서의 이미지를 각인시켜 놓았고, 시대 변화와 소비자 트렌드에 어울리는 신제품 개발, 시장 진입에 있어 브랜드 가치가 큰 힘을 발휘하고 있다.

회사는 2003년 현재의 시흥시 정왕동 시화국가산업단지로 이전하기 전 사업장이었던 경기도 군포시 당정동과 경기도 부천시 내동 소재 시절 1997년 IMF 구제금융 위기와, 이전 후 2007~2008년 글로벌 금융 위기, 세계적 불황 등 혼돈의 세월을 애사심으로 전 사원이 똘똘 뭉치고, 임직원 모두가 주인이라는 신념이 있었기에 수많은 역경을 이겨내고 현재의 모습으로 발전할 수 있었다.

패키징 전문 토종 기업, 아폴로산업

　(주)아폴로 산업은 폼 클렌저, 샴푸, 린스, 클렌징 오일, 로션, 에센스, 헤어&바디미스트, 탈취제, 세정제 등 화장품 및 의약품에 특화되어있는 토탈 패키징 뿐만 아니라, 종합 생활용품과 농업 용구 메이커로서 제품개발과 고품질 실현을 위해 R&D 센터를 설립 운영하고 있고, 독특하고 창의적인 제품 개발에 총력을 기울이고 있다.

　2020년 현재 창업 44년째를 맞는 플라스틱 종합생활용품 및 화장품, 세정제, 탈취제, 제약 등의 패키징 전문 제조회사로써 국내의 중견 토종 기업이다. 모든 가정에서 필수적인 생활용품 제조에만 집중하여 제품의 종류도 다양하고, 용도 또한 생활주변 잡화, 다양한 분무기류, 찬통, 물병 등의 식품 용기, 세탁 및 건조 용품, 원예용품, 세차 및 정원용품, 욕실 및 주방용품, 청소 및 정리함, 야외용품, 수도용품 등 생활 필수품을 제조하는 외길 인생을 걸어온 회사이다. 뿐만 아니라 각종 화장품 로션, 엣센스, 크림, 오일, 폼 클렌징, 헤어 케어, 미스트 스프레이, 향수 기타 및 생활용품인 샴

푸, 린스, 바디용품, 트리거 스프레이 탈취제, 방향제, 세정제, 세척제, 제약 등 각종 포장재 공급 분야에 있어 글로벌 메이커로 자리매김하고 있다.

연혁

- 1976년 10월   대성공업사 설립(서울특별시 성동구 화양동)
- 1976년 10월   아폴로 브랜드 출시
- 1979년 01월   상호 변경 (대성산업사)
- 1991년 01월   무재해 3배 달성업체 선정(노동부 제 91-11호)
- 1995년 01월   법인전환 및 상호변경(주식회사 아폴로산업)
- 1999년 09월   ISO 9001 품질경영시스템 인증(중소기업진흥공단)
- 2002년 09월   시화공장 준공
- 2003년 04월   공장 이전(경기도 시흥시 정왕동 2099-1번지,

    시화공단 3마 617호)
- 2009년 03월   ISO 14001 환경경영시스템 인증(중소기업진흥공단)
- 2012년 06월   APOLLO산업 기업부설연구소 설립
- 2013년 03월   ISO 9001, ISO 14001 인증 획득(SGS인증)
- 2013년 04월   ISO 22716 CGMP (우수화장품 제조 및

	품질관리 기준 인증 획득(SGS인증)
• 2013년 04월	ISO 15378 (화장품 용기제조 및 품질관리 기준)
	인증 획득(SGS인증)
• 2016년 10월	2016년 글로벌선도기업 선정(한국산업단지공단)
• 2019년 05월	글로벌 강소기업 선정 (중소벤처기업부)
• 2019년 10월	소재부품 기술개발 산업통상자원부장관상 수상

사회적 책임을 다하는 사회 친화적 기업
뷰티화장품은 온·오프라인 매장을 다각화하여 화장품시장의 틈새시장을 공략하기 위해
최근 아마존 및 알리바바에 입점해 전 세계시장에서 판매할 준비를 마친 상태이며,
올해 해외 다양한 온라인 시장을 개척해서 뷰그린 제품을 전 세계적으로 알릴 예정이다.

(주)뷰티화장품
오한선 대표

"美, 즉 아름다움이 전 세계 사람들의 주요 관심사로 떠오르면서
화장품 업계가 크게 성장할 것을 예상하여
회사 설립 이전부터 화장품 사업을 하였습니다.
그리고 물량이 점점 늘어남에 따라 음성에 터를 잡고
제조 및 생산을 할 수 있는 사업장을 설립하게 되었습니다."
뷰티화장품은 서울사무소에는
서울기업부설연구소와 영업부, 기획마케팅부를 두어
빠른 고객사 응대와 제품기획, 유통 및 국내외 영업을 할 수 있도록
전문인력을 갖추고 있다. 또한 충북 음성 본사에는
연구소, 생산부, 품질부 각 부서별 전문인력을 통해
제조·생산에 대한 전문성과 신속성을 갖추고 있다.
이러한 시스템을 통해 본사에서 만든 뛰어난 품질의 제품을
서울사무소의 영업망을 통해 각국의 유명브랜드와 파트너쉽을 맺고
바이어와 소통하고 있다.

"지속 가능한 아름다움을 지향하는
뷰티화장품"

(주)뷰티화장품

　Beauty Cosmetic R&D 연구소의 화장품 전문연구원들이 다년간 축적한 피부과학은 최신기술과 혁신적인 자동화 시스템 도입으로 제품을 개발하고 상품기획부터 생산, 품질관리, 출고에 이르기까지 토탈서비스를 제공하는 시스템을 도입하여 신뢰받는 화장품 연구개발 및 OEM·ODM생산전문 기업으로 전문화된 상품 개발 솔루션을 제공한다.
　현재 글로벌 시장에서는 더욱 높은 수준의 안전 규격을 요구하고 있다. 이와 더불어 환경개선과 품질에 대한 엄격한 기준을 두어

우수한 품질을 갖추고 세계 최고의 제품 생산을 목표로 하고 있으며, 이를 통해 국내시장 선도는 물론 중국, 미국, 영국, 체코, 일본, 동남아 등 해외 수출을 통해 지속적인 발전과 성장을 하고 있는 기술 혁신형 기업이다. 특히 뷰그린은 각국 전시박람회 참가 및 인스타그램·유튜브를 통해 다양한 국가, 폭넓은 고객층에서 유통 및 판매가 활발하게 진행되고 있다.

건강한 자사 브랜드 '뷰그린 · 로달리'

뷰그린 Beauugreen
자신의 삶을 사랑하고 존중하는 아름다운 당신을 위한 유니크한 테라퓨

틱 브랜드 뷰그린은 자연의 혜택과 지혜를 담아 고객에게 아름다운 피부와 건강한 그린 라이프를 선사하는 테라-코스메틱 브랜드다. 지친 일상으로부터 당신의 피부가 잠시 쉬어갈 수 있도록, 삶의 자신감과 아름다움을 회복할 수 있도록, 뷰그린만의 힐링 포뮬러를 통해 그린 라이프를 선사하고자 한다.

자사브랜드 BeauuGreen의 다양한 제품개발로 제품의 개발에서부터 유통단계까지 전 과정 체계적인 프로세스를 구축하여 고객사에 제품을 보다 빠르고 안전하게 제공한다.

로달리 LO DALI

'당신의 인상이 달리 보이도록'이라는 브랜드 슬로건 아래에 아름다운 피부, 아름다운 인상을 위한 현대인들의 라이프스타일 니즈에 맞는 제품을 선보인다. 대표적인 제품 로달리 퍼퓸바디미스트, 로달리 클리어 여성청결제는 온라인마켓에 맞게 트렌디하고 감각적인 브랜드로 자리 잡아가고 있다.

로달리는 단순한 아름다움이 아닌 건강한 아름다움을 지향점으로 두고 있다. 건강한 아름다움을 위한 자연 친화 복합추출물로 자사만의 원료배합 BT Leaf Complex는 건강한 피부를 유지하는데 도움을 준다.

하이드로겔 선두기업, 마스크팩 제조생산 전문기업

(주)뷰티화장품은 '하이드로겔 선두기업'으로 최첨단 자동화 시스템과 기술력으로 국내 및 해외 하이드로겔 시장을 장악했다.

또한 하이드로겔 아이패치는 산업통상자원부로부터 '차세대 세계일류상품'으로 선정되어 기술력을 인정 받았다.

또한 마스크팩 제조 생산 전문 회사로써 하이드로겔 아이패치, 하이드로겔 립패치, 하이드로겔 마스크팩, 바이오셀룰로오스, 시트 마스크, 기초화장품 등 다양한 품목을 생산하고 있다.

최첨단 자동화 시스템과 엄격한 품질시스템

'SQP' - 품질보증평가인증으로 품질, 안정성 및 대한 고객의 요구와 자사에서 생산하고 있는 제품에 대해 국 내외적인 규격에 대

한 보증평가를 통해 협력사에 신뢰할 수 있는 품질의 제품을 제공하고 있다. 또 근무환경평가인증인 'WCA'로 회사의 목표, 전략, 성과 그리고 사회적 책임에 대한 체계적인 평가 인증으로 작업환경 및 직원처우, 제조공정에 대한 검사를 실시하여 안정적인 작업환경을 항상 유지하고 협력사에 신뢰할 수 있는 제품을 제공하고 있다.

분야별 체계적인 단계와 전문인력으로 무장

뷰티화장품은 서울사무소에는 서울기업부설연구소와 영업부, 기획마케팅부를 두어 빠른 고객사 응대와 제품기획, 유통 및 국내외 영업을 할 수 있도록 전문인력을 갖추고 있다. 또한 충북 음성 본사에는 연구소, 생산부, 품질부 각 부서별 전문인력을 통해 제조·생산에 대한 전문성과 신속성을 갖추고 있다. 이러한 시스템으로 본사에서 만든 뛰어난 품질의 제품을 서울사무소의 영업망을 통해 각국의 유명브랜드와 파트너쉽을 맺고 바이어와 소통하고 있다.

하이드로겔 마스크류 절대 강자

뷰티화장품은 첨단 설비 구축과 함께 이미 앞선 기술력과 체계적인 품질관리를 바탕으로 신뢰도를 높여왔다. 특히 하이드로겔 마스크팩 분야에서 높은 기술력을 확보하고 있으며 전체 마스크팩류 생산에서 차지하는 비중도 가장 높다.

하이드로겔 마스크류는 하이드로겔 마스크만 월간 800만장을 생산할 수 있으며, 하이드로겔 아이패치 용기타입은 월간 200만

개, 하이드로겔 립패치타입은 월간 500만개, 에센스 시트마스크 1000만개 에 달하는 규모를 갖췄다.

차별화 통한 뷰티화장품만의 경쟁력 있는 마스크팩

뷰티화장품에서 생산하는 마스크팩 중 특허받은 Breathing Hydrogel, 숨을 쉬는 마이크로홀 하이드로겔 마스크팩은 겔 다공성 안쪽에 공간이 생겨 겔이 에센스(피부 활성성분 함량 증가)를 머금고 있다가 피부의 온도에 따라 점점 피부에 영양을 공급해주어 기존 제품보다 더욱 오래 사용이 가능하고, 보습력 활성 성분에 따른 기능성 화장품 효능 효과에 도움을 준다.

하이드로겔 아이패치, 립패치 부분패치류는 피부와 유사한 구조의 겔을 형성한 수용성 마스크팩으로 피부에 좋은 효과를 볼 수 있는 제품이다.

다양한 부위에 사용이 가능하며 에센스를 농축한 것으로 유효성분이 피부의 영양, 보습, 진정, 탄력 효과에 도움을 준다. 또한 밀착력이 우수하고 에센스가 흘러내리지 않아 사용하기 편리하다.

최첨단 생산 자동화 시스템과 폭넓은 수출망

Beauty Cosmetic R&D 연구소의 화장품 전문연구원들이 다년간 축적한 연구와 지속적인 개발과 증가하는 제품 수요에 대응하기 위해 CGMP(우수 화장품 제조 및 품질관리 기준)와 ISO 22716을 획득했다. 또 최첨단 생산 자동화 시스템과 자동화 물류 시스템으로 총 2000여 파렛츠를 적재할 수 있으며, WMS(창고관리시스템)을 도입하여 주문 및 입·출고 최적화 실시간 재고 관리, 공간과 장비 최적화가 되어있는 자동화 물류 시스템을 운용하고 있다.

활발한 해외시장 개척 활동
체험형 화장품 매장 오픈 … 화장품 프랜차이즈 스타트

국내 판매는 물론 미국, 러시아, 유럽, 중남미, 중국, 일본, 아세안 국가의 해외수출을 통해 지속적인 발전과 성장을 하고 있다.

뷰티화장품은 온·오프라인 매장을 다각화하여 화장품시장의 틈새시장을 공략하기 위해 최근 아마존 및 알리바바에 입점해 전 세계 시장에서 판매할 준비를 마친 상태이며, 올해 해외 다양한 온라인

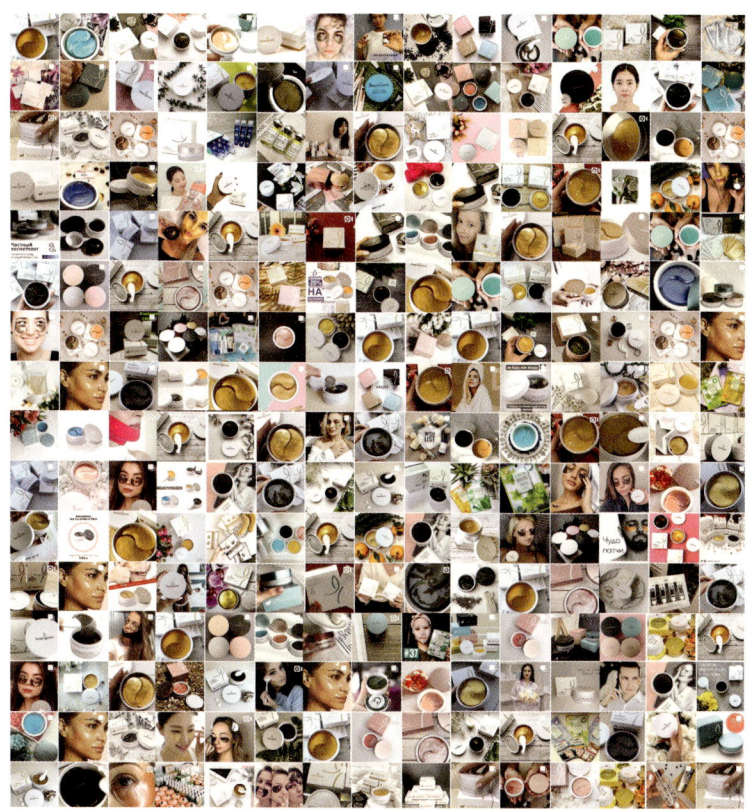

시장을 개척해서 뷰그린 제품을 전 세계적으로 알릴 예정이다.

이와함께 소비자 구매 패턴이 오프라인에서 온라인으로 전환하면서 오프라인 매장이 점점 줄어들고 있는 시장에 새로운 컨셉의 오프라인 매장 시스템을 구축하여 화장품 매장이 폐점하고 있는 중소도시, 교외를 중심으로 새로운 컨셉의 체험형 화장품 매장을 오픈하고 있다.

매장이 안정화에 접어드는 시기에 해외시장까지 확대할 예정이다.

청주 1호점을 기점으로 하여 (주)뷰티화장품은 '피부관리샵'과 함께하는 신개념 '화장품 프랜차이즈' 사업의 스타트를 알리고 '아아성' 100호점 달성을 목표로 하고 있다.

매장에서는 (주)뷰티화장품 브랜드인 뷰그린 제품 스킨케어, 마스크팩 등 다양한 제품을 선보일 예정이다. 뷰그린 제품은 주로 해외에서 판매됐던 제품으로 국내에는 잘 알려져 있지 않지만 러시아, 유럽 등에서는 많이 사용하고 있는 제품이다. 인스타그램 해시태그 #beauugreen 으로 검색 시 +5000개 이상의 많은 이미지가 업로드되어 있어 해외에서 많은 관심을 받고 있는 제품이라는 것을 확인할 수 있다. 아아성 매장에서 이러한 뷰그린 제품을 만나볼 수 있다. 또한 체험형 마케팅 컨셉의 매장으로써 피부관리, 두피관리, 모발관리, 헤나 마사지 등의 서비스를 이용할 수 있는 공간이 있다. 오프라인 매장의 강점을 극대화해 고객에게 다양한 경험을 제공하여 매장에 오랜 시간 머무르며 뷰그린 제품을 직접 테스트하고 구입 할 수 있도록 했다.

사회적 책임을 다하는 사회 친화적 기업

2015년 말 부터 충북 수출클럽회장으로 재직하며 무역협회, 중

기벤처부, 청북도 등 유관기관과의 긴밀한 협조 관계를 구축해 충북 화장품 수출에 기여했다.

지역사회에서는 2014년 사업장 소재지 "어르신효잔치" 기부를 시작으로 음성군장학회에 장학금을 기탁하는 등 관내 많은 기관을 후원했고, 2016년과 2020년 기아대책본부와 초록우산 어린이재단에 기금을 기부하는 등 기업의 사회적 책임을 실천하기 위하여 노력하고 있다.

-매년 기아대책본부와 어린이재단에 후원, 5년동안 1억원 기부, 아프리카 학교 후원, 제품 판매 금액의 1%를 기아대책본부에 기부하고 초록우산 어린이재단에 지속적으로 기부하는 등 회사 경영철학으로 정도경영, 투명한 경영을 회사 창립단계부터 실천하여 오고 있음.

　-서울상공회의소 송파상공회 부회장을 역임하며 독거노인을 위한 봉사를 실천하여 그 공로로 송파구청장으로부터 표창장을 수상하였으며, 충북 음성군청, 자원봉사센터, 음성경찰서와 긴밀히 협조해 후원과 봉사를 수행. 2014년 음성군자원봉사센터로부터 감사패를, 음성경찰서장으로부터 감사장을 수상했고, 2015년 장학금 기부를 통해 음성군수님께 음성자원봉사센터의 기업인으로는 유일하게 운영위원에 위촉되었음.

후원 및 기부

　- 2014. 06 음성경찰서 200만원 상당 물품 후원
　- 2014. 음성군 원남면사무소 300만원 상당 물품 후원
　- 2014. 음성군 자원봉사센터 300만원 상당 물품 후원

- 2014. 음성군청 720만원 상당 물품 후원
- 2015. 원남면 이장협의회(어버이날 행사) 150만원 기부
- 2015. 음성 품바축제 자원봉사 참여자(830명) 및 반기문 마라톤대회 참가 선수 (8,000명)에 대한 자사 마스크팩 14,000 (21,000,000원 상당)기부
- 2015. 음성장학회 3,105,000원 장학금 전달
- 2015. 유스투게더(베다니어린이집) 140만원
- 2016. 대전극동방송 100만원 기부
- 2016. 원남면 새마을지도자협의회(어버이날 행사) 50만원 기부
- 2016. 충청북도 7,500만원 상당 물품 후원
- 2016. 원남면 체육회(열린음악회 후원금) 50만원 기부

- 2016. 음성장학회 장학기금 150만원 기부
- 2016. 한국국제 기아대책기구 250만원 기부
- 2016. 초록우산 어린이재단 500만원 기부
- 2017. 한국국제 기아대책기구 3,400만원 기부
- 2017. 초록우산 어린이재단 530만원 기부
- 2017. 성신여자대학교 800만원 기부
- 2017. 민주평화통일자문회의 음성군 협의회 480만원 기부
- 2017. 위도고등학교 150만원 기부
- 2018. 한국국제 기아대책기구 2,300만원 기부
- 2018. 초록우산 어린이재단 126만원 기부
- 2018. 사회복지법인 사회복지공동모금회 130만원 기부
- 2018. 아름다운 꿈지역 아동센터 200만원 기부
- 2019. 한국국제 기구 대책기구 1372만원 기부
- 2019. 초록우산 어린이재단 177만원 기부
- 2019. 위도고등학교 150만원 기부
- 2019. (사)한국예총 충청북도연합회 음성지사 100만원 기부
- 2019. 재단법인 행복한나눔 1,080만원 기부
- 2019. (사)대한조정협회 200만원 기부
- 2020. 한국국제 기아대책기구 1,254만원 기부
- 2020. 초록별지역아동센터 773만원 기부

남다른 직원복지로 우수기업

2015년, 2018년(재인증) 여성가족부로부터 '가족친화 우수기업'으로 인증.

가족친화 프로그램을 성실히 이행하는 등 가족 친화 직장문화 조성에 앞장서고 있다.

근로환경 및 노사관계 안정화, 복리후생 및 경영성과 보상

- 기숙사 제공 : 직원(남 6명, 여 6명) 12명에게 기숙사 무료 제공하고 있음
- 휴게실 제공 : 로뎀하우스를 건축(2015년 8월 완공) 직원들의 휴식공간을 제공
- 통근버스 제공 : 음성군 내에 사는 직원들을 위한 통근버스를 운영
- 자가 운전자 전 직원 차량유지비 보조 : 50,000~200,000/1인당
- 장기 근속자 포상제도 운영
  - 5년, 10년 장기근속자 공로상 및 격려금 지급제도 마련
- 발명 및 근무성과에 따른 보상제도 운영
- 육아휴직 및 출산휴가 제도 운영
- 매달 첫 번째 수요일 '사랑으로 함께하는 날'을 지정해 오후 근무없이 직원들 간에 친목을 다지는 시간을 만들어 운영

일자리 창출을 위한 고용촉진 동참

- 2014년 10월 충청북도 고용우수기업 인정 받음
- 음성군 일자리창출 센터와 유기적 협력으로 직원을 채용하고 있음
- 일 학습 병행제를 통한 전문인력 양성

노사관계 안정화

- 2014년 10월 노사협의회 구성 정기적 회의를 통해 현안문제 해결
- '보배의 소리' 건의함을 만들어 말하기 힘든 직원들의 고충 해결

뷰티화장품 주요 연혁

2019. 12.	보건복지부 장관 표창
2019. 10.	충청북도 "품질경영 우수기업" 지정 연장
2109. 02.	W.C.A(근무환경평가), S.Q.P(품질보증평가) 인증
2018. 12.	산업통상자원부 300만불 수출의탑 수상
2018. 12.	중소기업진흥공단 표창장 수상
2018. 11.	참!좋은중소기업 수상 (부총리 겸 기획재정부장관상)

2018. 10.	충청북도 중소기업 '수출대상' 수상
2018. 04.	글로벌강소기업 선정 (충북지방중소벤처기업청)
2017. 12.	보건복지부 장관 표창장 수상
2017. 12.	중소벤처기업부 장관 표창장 수상
2017. 12.	충북 무역인의 날 도지사 표창 수상
2016. 12.	차세대 세계일류제품 선정 (산업통상자원부)
2016. 08.	CGMP (우수화장품 제조 및 품질관리기준) 인증
2015. 12.	가족친화 기업 인증
2015. 08.	중소기업진흥공단 투자협약식
2014. 10.	충청북도 "고용-우수" 인증기업 선정
2014. 10.	충청북도 "품질경영" 우수기업 선정
2013. 05.	충북도청, 음성군청, MOU체결
2010. 08.	ISO 9001, ISO 14001 인증
2010. 05.	(주)뷰티화장품 법인 설립

주요 인증, 특허 현황 (2018년기준)

(주)뷰티화장품국내·외 특허 출원·등록

인증, 규격, 특허, 지식재산권, 품질 및 생산성 향상에 대한 세부

사항

		특허	실용신안	디자인	상표
국내등록(건)		21	2	9	22
국내출원(건)		19	2	3	6
해외등록(건)	미국	1			
	일본 등 아시아		1	3	10
	유럽(EU)				
	기타				
해외출원(건)	미국			1	1
	일본 등 아시아				
	유럽(EU)		1	3	3
	기타				
합계		41	6	19	42

- CGMP (우수화장품 제조 및 품질관리기준 인증)
- ISO22716 (국제 우수 화장품 제조 및 품질관리 기준 인증)
- ISO9001 (품질경영시스템 인증)
- ISO14001 (환경경영시스템 인증)
- INNOBIZ (기술혁신형 기업 인증)
- 수출유망 중소기업 인증, 고용우수기업 인증, 품질경영우수기업 인증, 가족친화기업 인증
- 겔미용팩 조성물 및 그 제조방법 특허 제10-1080155호
- 숯겔미용팩 조성물 및 그제조방법 특허 제10-1374093호
- 바이오 셀루로오스를 포함하는 하이드로겔의 제조방법 10-2015-0083277
- 피부활성 성분의 공급제어 기능을 가지는

하이드로젤 마스크팩 제조방법 10-2014-0155829
- 확장용 아이패치 팩포장케이스(태극문양) 30-0681345
- 하이드로젤 마스크팩 접지장치 20-2015-0008482
- 캡슐화된 생리활성물질을 포함하는 화장료 조성물 및 이의 제조방법 특허출원 10-2015-0081391
- PH변화에 따른 색변화용 화장료 조성물 및 하이드로젤 팩 특허출원 10-2015-0105051
- 산업통상자원부 지원시책 과제 선정 : 전통 한약처방을 활용한 보습 화장품 개발 및 사업화 수행완료
 미백, 주름개선 기능 바이오 활성소재 개발 및 제품화 사업 진행 중